あの会社の新人は、なぜ育つのか

若手社員を一流に変えるディップの「最速育成法」

藤沢久美 Kumi FUJISAWA

ダイヤモンド社

はじめに

若手社員が最速成長する会社

学歴を台無しにしてしまう企業

ベンチャー企業の経営者に、上場を目指す理由を質問すると、いくつかの答えの中に必ず、「人材採用のため」というものがある。上場は大企業を志望するような優秀な人材に来てもらうための、一つの手段というわけだ。

確かに、ベンチャー企業と比べて、大企業には、偏差値的に優秀な大学を卒業した学生が多数応募する。しかし、そうした学生が入社して5年、10年経過後に、再び会ってみると、もはや学歴は関係なくなっていると感じることも多く、ベンチャー企業に就職した人たちのほうが、ビジネスの世界に必要な視野や知識を身につけており、いい意味で雰囲気もすっかり変わっている。

なぜ、こんな違いが起きるのか。もし、高学歴の学生が、ベンチャー企業に入社していたら、その未来はどうなっていただろうか。学歴が機能しなくなったのではなく、企業の組織運営の在り方が、人の成長を大きく左右しているのではないだろうか。

そもそも、第４次産業革命といわれる人工知能（ＡＩ）が人間と仕事を分け合う時代には、インターネット以前の「ウォーターフォール（上意下達）型経営」は変化のスピードに対応できなくなっている。トップはビジョンの提示とリスク管理に責任を持ち、現場にある程度の権限を委譲し、現場で課題発見と課題解決を即座に行い、速いスピードで実践していく「アジャイル（臨機応変）型経営」が主流になってきている。

そして、お試し入社ともいえるインターンシップが当たり前の今、ウォーターフォール型を続ける大企業とアジャイル型のベンチャー企業の両方を体験したデジタルネイティブの意欲ある若者たちは、後者に自分の成長の場を見いだしているのではないだろうか。

幼少時よりインターネットに触れているデジタルネイティブ世代の若者たちは、「成長」という言葉をよく使う。高度成長時代の「経済的報酬」や「地位的報酬」よりも、「自分の成長という報酬」を求める若者が多い。その報酬をいち早く実感できるのが、ベンチャー企業なのかもしれない。しかし、それは、大企業では不可能なのだろうか。

そんなことを疑問に思いつつ、筆者はネットラジオ「[注]藤沢久美の社長Ｔａｌｋ」を通じて、毎週、企業経営者にインタビューをしている。その中で、「最速成長」を掲げて人材育成をしているという経営者に出会った。それが、冨田英揮。ディップ株式会社（以下、ディップ）の創業者で、代表取締役ＣＥＯである。

ディップは、ベンチャー企業ではあるが、すでに一部上場の大企業だ。10年足らずで、新卒入社の社員を管理職へと育て上げ、破竹の勢いで業績を伸ばしている。

ディップはいかにして、最速成長を実現しているのか。ディップを通じて、若手社員が最速成長する組織について考えていきたい。

若手社員が最速成長する会社

ディップは、アルバイト求人情報サイト「バイトル」や派遣情報サイト「はたらこねっと」、看護師の転職サービス「ナースではたらこ」などを運営している人材企業だ。その特色は、バイトや請負、派遣など、いわゆる非正規労働者を中心にしていること。創業は、１９９７年。２０１７年で20年を迎えた。２０１７年２月には、売り上げは３３０億円を超え、経営力を見る代表的な指標であるＲＯＥ（株主資本利益率）も49％と一部上場企業のなかでもトップ10に入る高い収益性を実現するメガベンチャーだ。

ディップの20年を簡単に振り返ってみよう。創業から約５年間で冨田は、そのアイデアと行動力によって事業を形にした。次の５年間で会社としての形を整え、マザーズ市場への上場を実現した。創業10年を機に、冨田は大量の新卒採用に踏み切り、一気に事業を拡大した。この創業10年目からの拡大期こそが、

注「藤沢久美の社長Talk」

毎回、経営トップをゲストに迎え、企業の魅力や社長の経営・人生哲学に迫るインタビュー番組。2006年7月開始。

ネットラジオ等で配信。http://www.shachotalk.jp/

ディップのキーワード「若手社員が最速成長する会社」を実現してきた歴史である。

ディップは、この10年間に、新卒社員をいち早く戦力化する方法を編み出した。当初は新入社員のほとんどが営業担当者であったが、今では、経営企画やサービス開発を行う内勤の新卒社員もおり、そのメンバーたちも即戦力として活躍する場を与えられている。

また、即戦力に育てるというと、厳しい教育や競争をイメージしがちであるが、ディップには、理不尽な厳しさはない。その証拠に、新卒社員の定着率が高い。ディップが新卒採用を始めた当初は、退職した社員も多かった。しかし、今は違う。若者がやる気を起こし、長期にわたって高いモチベーションで働き続けたくなるような職場環境や組織を10年間かけてつくり上げてきた。

ディップの最速成長モデル「2つの柱」

ディップの持続可能な最速成長モデルには、「人材採用」「育成環境」という2つの柱がある。「人材採用」では、人材を選別するディップ独自の手法がある。一人ひとりの人生を左右する就職に責任を持ち、採用担当者たちは、採用面接に時間と心を使う。入社後は、一人ひとりの社員の成長を支えるため、日々の仕事を通じて全社員が育成に携わる、ディップならではの「育成環境」がある。

実は、これらの2つの柱の土台となる不可欠な存在が、「ディップの先輩社員たち」だ。ディップでは、社員の誰にインタビューをしても、「ディップには、いい人が多い」と言う。仕事が合わずに退職した人でも、「仕事は大変だったけれど、ディップの人はみんないい人だった」と言う。

それでは、いい人集団がつくり出す最速成長が実現できる職場とはいかなるものか。それを解剖していこう。

あの会社の新人は、なぜ育つのか

目次

第2章 最速成長のための「営業現場」

第3章 最速成長のための基本「スタンス教育」

第4章
最速成長のための先輩たちの「手間隙《ひま》コミュニケーション」

第5章 最速成長に集中できる「文化づくり」

第6章 最速成長を「信じる力」

第7章 最速成長を実現に導く「経営メンバー」

おわりに

最速成長の先にあるもの

第1章

最速成長のための「いい人採用」

アジャイル型経営には新卒人材が不可欠になる

まずは、ディップの最速成長モデルの大きな柱、「人材採用」について、見ていきたい。

変化のスピードが速い今、アジャイル型経営に必要な人材とはどんな人材だろうか。それは、人工知能に取って代わられないような人材。つまり、指示待ち族ではなく、自分の頭で考え、動くことができる人材である。人工知能にはできない、新たに何かを生み出す力を持つ人材だ。

しかし、就職当初からその能力を持つ人材は多くない。人材をいかに育てるかがこれからの企業の課題となる。まず、企業がやるべきは、その能力を磨くための素養を持っているかどうかを見極めることとなる。

そのポイントは2つ。1つは、企業文化に共感しているかどうかということ。もう1つは、人間性がいいかどうかだ。

アジャイル型経営では、経営者のビジョンのもと、現場のメンバーはさまざまな変化に敏感に反応し、アメーバのように柔軟にチームを組み替えながら新しいサービスや商品を開発していくことになる。決まった枠組みで決まった能力しか発揮しない人には、それは務まらない。臨機応変かつ自由な発想力が必要になる。しかし、自由過ぎては、会社がまとまらない。そのためにあるのが企業文化であり、企業ビジョンである。みんなが自由に発想していくための目に見えない枠のようなものだ。この文化やビジョンを社員みんなが共有できていれば、自由に発想していても、一定の方向性と枠組みを維持できる。

また、それらを共有していれば、どのような職種についても、仕事の意味や仕事のやりがいを理解しやすく、与えられた業務で腕を磨く意欲にもつながる。

ある精肉企業は、BSE（狂牛病）問題が世間を騒がせた際、牛肉を扱っていた店を一気に惣菜店に変えた。従業員たちは、すぐに惣菜を作り、売るという新たな仕事に対応しなくてはならなくなったが、誰一人として文句を言うこともなく、速やかに惣菜のノウハウを身につけた。スムーズな対応の背景にあったのが、その企業の理念だった。創業以来「お客様第一主義」を掲げ、企業目線をいつもお客様に置き、「おいしいものをお値打ちに提供する」ことを、経営者は従業員と共有してきた。お客様が牛肉に不安を感じるならば、おいしく食べてくださる惣菜をご提供しようと、自然な流れでその転換は行われた。

こうした変化対応は、一人の人間の意識と能力でできることではない、従業員が一致団結して取り組む必要がある。また、変化対応は、社内だけではなく、取引先との交渉も必要になる。そうしたときにも、相手の立場や気持ちを汲みながらの交渉が極めて重要となる。そのときに必要なものが人間性だ。

アジャイル型経営によるスピード感のある変化対応が日常茶飯事となる今だからこそ、企業文化に共感でき、人間性のいい人材を見いだす必要がある。

この2つのポイントをクリアできる割合が高い集団がいる。それが、新卒人材だ。社会人経験のない新卒人材は、例えれば、まだ何色にも染まっていない真っ白なキャンバスのようなもの。加えて、豊かな成熟社会で育ち、厳しい環境で苦しんだ経験も少なく、人間性が歪んでしまっている人も少ない。逆に、中途人材の場合は、前職の企業文化を知らず知らずのうちに身につけていたり、何かしら前職へ不満を持っていたり、世慣れしている場合がある。しかも、すでにある価値観を変えるのは、簡単ではない。それならば、真っ白な新卒たちを丁寧に育てていくほうが、アジャイル型経営の効果をいち早く実現することができる。

実は、多くのベンチャー企業経営者が、ある程度ビジネスモデルが立ち上がった段階からは、中途採用から新卒採用へと軸足を替える傾向がある。

そしてこうしたベンチャー企業経営者たちが、口を揃えて言う人材の条件は、「素直さ」だ。先に紹介した、2つのポイントをさらに掘り下げるとこの素直さに行き着く。素直であれば、入社後に企業文化を受け入れることもできるだろうし、素直であれば、人間性を磨くための研修内容も疑念なく受け止めることができるだろう。

企業文化に共感できるか。人間性がいいか。または素直であるか。これらのポイントを押さえて、新卒採用へと舵を切ることで、変化対応ができる成長企業への第一歩が踏み出せる。

企業文化をつくるための新卒採用

ディップの創業者、冨田も他のベンチャー企業経営者と同様に、ビジネスモデルが整い始めた創業10年目から新卒採用に大きく舵を切った。冨田にとって、新卒採用は長年の夢だった。みんなが幸せになる会社づくりを目指してきた冨田は、そのために必要なものこそが企業文化であると考えていた。そして、文化をつくり上げるために、新卒採用を重視した。

しかし、他のベンチャー企業経営者と冨田が異なるのは、一気に大量の新卒採用を行ったことだ。２００６年の社員数が２００名強だったそのときに、一気に２００名の新卒社員を採用し、全員を営業部門へと投入した。人事部門と営業部門にとっては、一大事件だったが、冨田には明確な狙いがあった。会社の肝である営業部門を冨田の理想とする文化に基づいたものにしたかったのだ。ただ売るのではなく、お客様のためになるサービスを売る。売るための手法は、中途採用のプロたちが基礎をつくり上げてくれていた。次は、売るための文化づくりが必要だった。

創業10年から20年の10年間に、真っ白なキャンバスのような若者たちとともに、ディップは、企業文化をつくり上げてきた。

そして、世の中では、時を同じくして第4次産業革命が起こり、経営スタイルが、ウォーターフォール型からアジャイル型へと変化しつつあった。結果として、冨田の挑戦は、世の中の先を行くアジャイル型経営への着手にもつながっていった。

ディップの「いい人採用」

ディップは新卒採用の際に、どのような基準で人を選んでいるのだろうか。

ディップの採用担当者は、採用する人材の基準を「基本的に人間的にいいやつ」と表現する。少しわかりにくい基準だが、採用担当者自身、この10年間のディップの大きな変化を、身をもって体験し、「企業は人なり」を実感しているからこそ、出てきた言葉だ。大量の新卒が入社し、会社は大きく変わっただけでなく、大きく成長した。これからもディップが成長を続けるためには、「人間的にいい新卒社員」が不可欠であることを確信している。

つまり、新卒社員ならば誰でもいいわけではない。ディップでは、数年前から採用のコンセプトの第一テーマに、「挑戦するＤＮＡ」という言葉を置いている。常に成長を続けるには、挑戦は不可欠であり、ディップは挑戦の連続の会社だ。常に高い目標を持ち、それにチャレンジし続けることが求められる。しかし、その挑戦が孤独な挑戦では、長続きしない。仲間が必要だ。この人となら、一緒に頑張りたいと思える仲間を一人でも多く増やすことで、頑張れる環境が整う。そのために必要なのが、「人間的にいいやつ」の採用ということになる。

もちろん、挑戦できる人材を重視すると、強い個性を持った人材も採用することになる。しかし、それこそが社内に蔓延しがちな「普通」を打破し、ディップを強くする。

「5年後、10年後を考えたときに、マネジメントしやすい人を採用するのは正しくない。組織をボトムアップして、新卒が先輩や上司に刺激を与えて、先輩たちにヤバイと思わせるような行動意識を持った人を採用することが、人事的に会社を考える上では大切です」と人事担当者は語る。それでも会社内で、対立が起こらず機能するのは、やはり、ディップの文化を共有する人間性の豊かな「人間的にいいやつ」を選んでいるからだろう。

ディップの企業哲学「ファウンダーズ スピリット」

ここで、ディップの文化の原点であり企業哲学ともいえる、「ファウンダーズ スピリット」を紹介しておきたい。これは、冨田がこれまでの歩みを振り返り、文字にしたものだ。

会社説明会でも紹介されるこの言葉にワクワクし、自らもその環境に身を置きたいと思う人材が、ディップで活躍する人材であり、ディップの成長を担う人材となる。

企業理念

私たちdipは
夢とアイデアと情熱で
社会を改善する存在となる

ブランドステートメント

One to One Satisfaction

dip WAY

夢　アイデア　情熱

ファウンダーズ スピリット

ピンチはチャンス
チャレンジし続ける
最後まで諦めない
期待を超える
仕事・人生を楽しむ
自らがdipを創る

売り手市場でも、社員は厳しく選別すべき

さて、「基本的に人間的にいいやつ」という基準が、まだしっくりとこない方もいるのではないだろうか。実は、この基準を明確な言葉にすることは難しい。ディップの日常の積み重ねのなかで、暗黙知として、役職員に浸透しているものなのだ。読者の方々には、その暗黙知を、これから紹介するさまざまな事象を通して感じとってもらいたい。

まずは、具体的にディップの採用の現場をのぞいてみよう。

ディップでは、新卒の就職希望者には、仕事内容について、繰り返し説明会を開催している。しかし、一方的に多数の人間に話をしても、一人ひとりの理解度が違い、異なったイメージが伝わっている可能性がある。そのため、少人

数での面接を繰り返し、改めて仕事の現実を伝えることにしている。

また、最初から本音を語る学生は多くない。面接を受けに来る学生の多くは、会社の特徴を調べてくるため、「ディップの成長力が素晴らしい」「社会に貢献している感じがいい」「業界ナンバー1を目指したい」と、主語を「私」ではなく、「会社」や「社会」にした話をする学生が多い。これでは、学生の現実の仕事への共感を得ることも、思いを確認することもできない。

そこで、ディップではまず、「採用コンサルタント」と呼ばれる営業担当者になるためのプロセスをすべて見せる。1年目の飛び込み営業の様子、新規のアポイントメントをとるために1日100本の電話をかけること、そんな苦労を重ねてお客様から出稿の依頼をいただいても、「バイトル」注の求人広告に一件も応募が来ないことがあること、そんなときは、お客様から厳しいクレームを受けることなど、仕事のキツさと現実を事細かに、かつ正直に伝える。そして、その苦労の先に、仕事のやりがいと意義があり、仕事を通じて人間力を磨くことができ、主語で、「私はこうなりたい」と言うことができる仕事になると伝える。

注「バイトル」
dipのアルバイト求人情報サイト。2002年にスタート。売上高の約８割を占める。
現在はアルバイト・パート求人情報のポータルサイトとして日本最大級。

この話を聞いて、かなりの数の希望者が応募を取りやめる。

採用担当者としては、多くの優秀な学生に入社してほしいという気持ちを抑えきれず、ディップのいいところばかりを話したくなるが、人事部からは、「ディップがいい会社だというアピールはし過ぎないように」と伝達されている。

仕事の厳しさをとことん伝えるのは、就職後にこんなはずではなかったとギャップを感じてほしくないという理由もあるが、第一には、こうした話を聞いて、それでもここで働きたいと思う人に入社してもらうためでもある。一部上場企業となった今のディップには、大企業のような安定を求める就職希望者も増えがちだ。しかし、ディップは挑戦を続ける会社であり、自ら考え、自らがディップをつくっていくという覚悟を持った人材が必要だ。頭数を揃える時代は終わっている。

量より質。これは、新卒採用担当者にとって、苦しいけれど、逃げてはいけない真実だ。

会社説明会で残った人材に、時間をかける

質を高めるために、ディップでは、一人ひとりの学生に驚くほどの時間を使う。そのためにも、まず、会社説明会で学生たちをふるいにかける。先述の通り、仕事の厳しさを伝え、会社として残ってほしい人材に向けて、強いメッセージを伝える。会社説明会は、30〜50人規模で、年間を通じて繰り返し開催している。そこでは、事業内容やサービス内容、さらには待遇の話をはじめ、仕事の大変さも伝える。それと同時に、ファウンダーズ スピリットにもある「自らがdipを創る」という一節を熱く語り、ディップをいい会社だと思って入社するのではなく、自分がつくるという強さのある学生たちに入ってきてほしいことを力説する。学生にもディップを選んでほしいと思いつつも、ディップ

側も求める人材像を明確に伝えている。

そもそも学生も、人材業界については、ハードでキツイというイメージを持っている。つまり、ディップの会社説明会に参加してなおディップに興味を持ち続ける学生たちは、ディップが求める最低限の資質があると考えられる。しかし、そうした学生たちが、大手商社や銀行などにも内定を得たときには、ディップを選んでくれる確率は高くない。だからこそ、ディップでは、興味を持ってくれた学生一人ひとりに時間をかける。

説明会後の面接は、複数回に及ぶ。まずは、学生2名ないし3名に対して一人の社員が面接を行い、続いて、1対1の面接を2、3回行う。さらに、希望があれば個別面談も可能だ。結果として、一人の新入社員候補者と対話する回数は、少なくとも4~5回になる。

面接や面談に携わる担当社員たちにとっては、負担の重い仕事だが、ディップの未来をつくるのは新入社員だという覚悟がある。

学生が企業を選ぶ鍵となる「面接フィードバック」

厳しい仕事の現実を聞いて入社を取りやめる学生がいる一方で、その現実を丁寧に話したことに逆に真実味と誠実さを感じて、入社希望をさらに強くする学生もいる。学生たちの価値観も多様化している。かつてのように給与や福利厚生といった待遇だけで企業が選ばれる時代でもない。今や売り手市場となった新卒採用では、学生は、さまざまな観点から企業を選ぶ傾向が強まっている。

学生の企業選びのポイントの一つに、「面接フィードバック」がある。最近の就職活動では、学生から企業に対して、面接のフィードバックを要求することができる。学生が直接企業に依頼する場合もあれば、新卒向けのキャリアカウンセリングサービスを提供する人材会社が、学生と企業の間に入り、こうしたフィードバックの依頼をしてくる場合もある。

このフィードバックは、数多くの面接をする企業側の人事部にとっては、とても手間がかかる。しかし、学生にとっては、複数の会社に内定をもらっている場合、このフィードバックが会社を選ぶポイントになっているらしい。何しろ、学生側は、自分の人生を左右する大切な就職だからこそ、受け取ったフィードバックを真剣に読む。

ディップに入社したある新入社員は、他社で受けたフィードバックが、「海外で活躍しそうだ」とか、「数字に強い」などと明らかに大学の専攻科目などを基にイメージされ、取り繕ったように書かれたものだと感じたという。また別の新入社員は、「性格がおとなしそう」というフィードバックに違和感を覚えた。自分は決しておとなしくないのに、自分を一人の人間としてきちんと見てくれていないと感じたのだ。

学生たちも、もう二十歳を超えた大人であり、自分の長所や短所はわかっている。そもそも、そうした長所や短所は、子どもの頃から先生や親から幾度となく指摘されてきたはずだ。そうした長所や短所を、面接という短時間での対話で、的確に見いだし指摘されると、自分をしっかり見てくれたと、会社に対する信頼感が上がる。また、いくら素晴らしいフィードバックが戻ってきたとしても、それが自分の本当の姿と異なる場合は、「入社したら、ずっとその理想の姿を演じる羽目になる。それは疲れる」と、入社を辞退する。

売り手市場の今は、企業側が学生と真剣に向き合わなければ、真剣な学生を採用することはできない。

面接を繰り返し、一人ひとりを知る

ディップは、このフィードバックにも定評がある。何しろ、採用予定の学生と4~5回もの面接や面談を繰り返す。時として、その面接は、一人ひとりの学生の未来を一緒に考える先輩と後輩の対話になるときもある。一人ひとりの学生と向き合い、「どうなりたいの?」「どうしたいの?」という問いを投げかける。ぼんやりと、なりたい自分をイメージしている学生たちと、なりたい自分になるためのストーリーを一緒に考え、描き、そのなかに、ディップの仕事を組み込んでいく。そうすることで、ディップを選ぶことが腹落ちし、入社の覚悟が決まる。

2017年に入社したある社員は、3回目の面接で、面接官だったある部長から「本当は、リクルートに憧れているのではないの？」と、本心を突かれたという。そして、その部長は、自分がなぜリクルートに憧れているのか、自分が人材ビジネスに魅力を感じている本当の理由は何かなどを、時間をかけて一緒に深く掘り下げてくれ、自分が大雑把に感じていた憧れを、具体的な目標へと洗練してくれたという。さらに、自分がリクルートに憧れつつも、優秀で勢いのある社員たちがたくさんいるリクルートでやっていけるかという不安を持っていることも見抜かれた。そうして、ディップなら、自分が率先して取り組む環境があると、自分の意思で、ディップを選択したという。納得の上で企業選択ができるように、ディップでは親身になって、時間をかけて一人ひとりの学生と話し込むことをいとわない。たとえ、時間をかけた学生が、他社を選ぶことになっても、縁を得た学生の人生を大切にしたことに、後悔はない。

ミスマッチが起きないための学生との正対

ディップの面接は、10分や20分で終わるものではない。一人の学生の人生に責任を持つ覚悟で、じっくりと時間を使って話を聞き、時にアドバイスをする。こうしたアドバイスも、決して会社の価値観を押し付けることはしない。相手の気持ちを尊重し、客観的にアドバイスをするため、数時間に及ぶこともある。

最近の学生のなかには、自分らしさを大切にしたいという学生も多く、入社してから自分を押し殺して働きたくない、素のままの自分で働きたいと考える。そのためにも、面接は学生にとって重要な機会となる。

ある新卒社員は、ディップの面接で、正直にディップに対する志望度は高くないこと、人材業界への興味もさほど高くないこと、しかし、ディップの若手が活躍できる体制や仕組みに興味があることを伝えた。正直な学生に対し、面接する側もそれを批判することなく、正面から受け止め、まさに学生と正対することで、本人の求めるものがディップのなかにあるかを一緒に考える。その正直なやりとりが、ディップは素のままの自分を受け入れてくれる会社だと感じ、結果として入社への興味につながる。

こうした時間をかけた繰り返しの面接には、もう一つ大切な目的がある。それは、就職してからのミスマッチを起こさないためという目的だ。学生たちは、就職したいという強い気持ちと同時に、不安も持っている。時には、合格するためにその不安を押し殺しているときもある。そのまま就職してしまっては、就職後に、思っていたのと違うというギャップから、早期に退職してしまうことにもなる。それを起こさないためにも、面接担当者は、さまざまな不安や悩みを面接で聞き届けることに尽力する。

ある社員は、正直な自分の不安を伝え、アドバイスをもらったことを振り返り、「価値観を押し付けられることもなかったし、こちらからおべっかを使わなくてよかったし、素の自分を出すことができる会社だと思った」と言う。そして、じっくりとさまざまな角度から面接をしてもらったおかげで、入社前に持っていたイメージと、入社後の現実にギャップがなかったと言う。

SNSで寂しさを感じる若者たち

ディップの新卒採用プロセスに読者の方々はどんな印象を持たれただろうか。自分が人事担当者だったとすれば、これほど手間をかけたくはないと思われたかもしれないし、これほどまでに若者に対して熱くなれないと思われた方もいるかもしれない。

一方で、若い世代の方々はどんな印象をお持ちになっただろうか。日々、L

ＩＮＥやＴｗｉｔｔｅｒなどのＳＮＳをコミュニケーションの道具とし、四六時中つながっていることが日常になっている若い世代は、ＳＮＳでのつながりが弱い年上世代よりも逆に寂しさを感じることが多いようだ。バーチャルでのつながりの中で、仲間はずれになることを恐れ、時として心にないことを発信したり、賛同を示してしまうことがある。その手触り感が伝わらない関係性の中で、無理をする自分が孤立しているような気がするときさえある。

その結果、若い世代ほどリアルに、人間同士で熱く語り合うことや、自分を想ってくれる人を求める傾向が強くなっている。ディップが面接や面談を通じて行っている、厳しい一言をガツンと発したり、「おまえさぁ……」と心配してアドバイスをすることが、実は、この世代たちが求めるつながり方であり、その環境で働くことを求める若者たちが集まってくる。

だから、ディップの職場は人間関係が熱く、互いをさらけ出し合うことを良しとする。飲み会も多いし、語り合うことも多い。昭和の時代の、同じ釜の飯を食う職場とどこか似ている。

そこに最速成長の鍵があることも事実である。

第2章

最速成長のための「営業現場」

営業は生きる上で武器になる

冨田はなぜ、2006年に大量の新卒社員を営業職として採用したのか。

2006年以後も、ほとんどの新入社員が営業職に就いている。ディップの営業とは、人材を募集したい店や企業を訪問し、ディップが運営する「バイトル」などの情報サイトに求人情報を掲載する契約を取りつけてくるのが主な仕事となる。

読者の方々は、「営業」という仕事について、どんなイメージをお持ちだろうか。見ず知らずの店や会社に電話をしたり、訪問したり、ノルマがあったり、苦労が多い仕事というイメージがあるかもしれない。

しかし、冨田は、「営業こそが、人が生きる上での武器になる」と言う。これは、冨田自身の経験からくる実感でもある。ネットバブル時代に、冨田は、起業家たちとの交流の中で、営業力がないがゆえに、せっかく開発したシステムを実用化できなかった優秀な人たちを数多く見た。大手のＩＴ企業で活躍していた優秀な人たちが、素晴らしいシステムをつくったが、自分で売る力がなく、それらのシステムは日の目を見ることなくことごとく消えていった。「やっぱり自分で売る能力というのは経営者にも大事だし、その人の人生においても、ある意味、世の中で生き残っていける武器だと思った」と冨田は当時を振り返る。

冨田自身は、営業を得意としてきた。もし、冨田に営業力がなければ、ディップは存在しなかっただろう。しかし、そんな冨田でも営業力を磨く道のりは、平坦ではなかった。創業から3年間売り上げがなく、消費者金融の多重債務者になっていた冨田にとって、新宿地下街で見かけるホームレスは他人ごとではなかった。ある日、ホームレスを横目に、冨田は思う。

「彼らと自分はどこが違うのだろうか？　いつああなってもおかしくない状況だ。彼らとの違いは、私には、夢とアイデアと情熱があることだ」。そして、「絶対に負けない。成功してみせる」と誓いながら営業に回っていた。事業を企画したら、自分で売り込むことができなければ意味がない。24時間、自らの企画について考え続け、改良し、その存在意義を理論化し、大企業の担当者を論破した。

自ら企画したディップをここまで育ててきたからこそ、冨田は、営業力をつけるということは、必ずその人のためになるという信念を持っている。

この冨田の直感は、時代の変化にも合致している。人工知能時代に人間にしかできない仕事の筆頭が、営業だ。相手の意を汲み、相手に合わせて提案をし、合意を得て物事を進めていくことは、人工知能にはすぐさまできることではない。ディップで身につけた営業力は、社員一人ひとりにとって、将来、その人が生きていく上でためになるに違いない。

ある営業担当3年目の女性社員は、「営業担当になってよかったことは?」という質問に対して、こんなふうに答えてくれた。「よかったなって思っているのは、仮に何かあって違う会社に行ったり、子どもを産んでお母さん同士の付き合いですごく嫌な人ができたりしても、大丈夫だなっていう自信がつきました。本当にいろんな方に会うので、いい人にも厄介な人にもいろいろ会ったので、もうどんな人と会っても大丈夫。そういう自信が鍛えられたというか、人間性とメンタルが鍛えられたなって思います」。そして、営業を続けている理由を「営業が自分のためになるってわかっているんで。今こうやって、どんな人と会っても大丈夫ですってすぐ言えるのは、常日頃感じているからだと思います」と答えてくれた。

物心両面での幸せを追求したい

冨田は、仕事を通じて、社員を幸せにしたいと考えている。たとえ、途中でディップを去っていったとしても、その人が幸せであり続けることを願っている。そのためにも、真の営業力を身につけてほしいと思っている。

ここで創業者であり、社長である冨田英揮のことを書いておきたい。冨田英揮は1966年9月5日、愛知県名古屋市生まれの51歳。冨田にインタビューしたときの第一印象は、筆者がこれまでお会いしてきたベンチャー企業の社長とは少し違ったものだった。将来目指す大きな数字の話はするものの、その実現方法については具体的ではない一方で、社員に対する考え方や事業に対する考え方は、あまりにも真っ当。正論ばかり。こんなにまともなことばかりを言って、本当に利益が出るのか。外部向けのトークなのではないかと疑心暗鬼になった。

その後、会社を訪問し、社員の方々にお会いした。新卒から古株まで、なかには、ディップを一度辞めて戻ってきた人、辞めてしまった人など、さまざまな人にお会いした。誰もが口にしたのが、「ディップはいい人が多い」と言うことだった。そして、みんな真面目だった。

真面目という言葉もわかりにくいかもしれないが、ディップの社員たちは、いわゆる人として正しい価値観をしっかり持っており、それを愚直に実践しようとしている。それは冨田がインタビューの際に口にしていたことと重なる。

きちんとお礼を言う、人の悪口を言わない、互いを認め尊重する等、小学校時代に学ぶ道徳的なことは、数字を追いかけるビジネスの世界に身を置くと、だんだんとおざなりになっていくと思われがちだが、ディップでは、どうやらそうではないらしい。

なぜ、冨田がこうしたことを大切にし、社員たちに徹底しているのか。その原点は、父親にある。冨田にとって父親は反面教師だった。冨田の父は、団塊世代の中小企業の社長だった。子どもの頃からその父の姿を見ていて、冨田の中には疑問が膨らんでいった。従業員たちを自分の利益を得るために働かせる姿は、従業員を利用しているように見えた。一方で、自分自身も事業を始めて、父親と同じ立場に立ち、友人や仲間を社員として迎え入れたときに、仲間としての自分と、経営者である自分という二面性を持たなくてはいけないことに違和感が生じた。

そして、数多くの経営者の経営哲学の本を夢中になって読み、父親とは真逆の経営哲学があることを知り、違和感のない経営をすることを決意した。それは、「幸せとは何か」を考えることだった。「周りを不幸にして自分が本当に幸せと思えるのか」を自問自答した。答えは、「否」だった。社員を不幸にして自分がお金持ちになっても幸せとは思えない。社員が幸せだと思える会社をつくることが、自分にとっての幸せだと思うに至った。

しかし、冨田は、幸せを追求する中で、お金を軽んじることはない。「でも、みんなを幸せにするためには、やっぱり利益ってすごく大事だと思う。それは、僕も幸せになるためにはお金の比重が大きいのと一緒で、やっぱりお金がなきゃみんなも豊かになれないし、お金とのバランスも大切だと思う」と、冨田は、幸せを精神論だけにはしていない。物心バランスのとれた幸せを追求し続けている。

「営業が生きる上での武器になる」理由がわかっていただけただろうか。営業こそが、物心バランスのとれた幸せを追求するための術なのだ。

ディップの営業スタイル

大量の新卒社員を一気に営業現場に配属できるのには、理由がある。それは、ディップの営業スタイルがシンプルであることだ。営業担当者が主に販売するのは、求人サイト、バイトルでの求人広告だ。サイトへの掲載のルールや金額などはマニュアルとして整備されているし、すでにバイトルの知名度も高くブランディングも確立している。

10年前は、まだバイトルの知名度は低かったが、ヤフーと提携しており、ヤフーに掲載される求人情報というブランド力が、顧客へのアプローチの壁を低くしていた。

知名度があれば、営業のハードルはかなり低くなる。そこにマニュアルがあれば、次に必要なものは、ユーザーや顧客に好かれる人間力ということになる。その点において、新卒の新入社員には利点がある。若くて何も知らないということは、一つの強みとなる。

かつて生命保険会社が、若い女性たちをセールスレディとして全国で採用し、企業に訪問営業を行っていた時代がある。企業内の男性たちのなかには、そのセールスレディたちの容姿よりも、その一生懸命さと実直さからくる可愛げゆえに、耳を傾け、保険の契約をしていた人も多いのではないだろうか。

ディップにも共通するところがある。新入社員たちが、一生懸命にお客様のことを考え、バイトルの営業をする。その姿は、まだまだ未熟ではあるものの、飲食店や小売店を展開する店長の心を打つ。

ディップには、「キャラ売り」という言葉がある。愛想が良くて、明るくて、誰とでもすぐ仲良くなれる、人の懐に入るのが得意なタイプだ。こうした「キャラ売り」タイプがディップには多い。

一方で、大人びて、理論派で、自信に溢れた新入社員は、営業成果がなかなか上がらないことも多い。最初は、キャラ売りタイプや、素人さ溢れる一生懸命な素朴な新入社員が、成果を挙げる。

こうしたディップの営業スタイルを、あるリクルート出身者は、ディップのビジネスモデルだと言い切る。つまり営業のための企画力を研修で身につけるよりも、人間的な可愛げのある社員を採用するところから、そのビジネスモデルは始まっている。

こんなふうに、ディップの営業を分析してしまうと、ディップの社員たちはがっかりしてしまうかもしれない。しかし、がっかりする必要はない。人に胸襟を開かせる人間力を持っているということは、大きな強みとなる。なぜなら、知識は後からいくらでも学ぶことができるが、人間力を磨くのは、知識を学ぶことに比べ簡単ではないからだ。その意味でも、ディップの社員は、ディップの社員になったということに、誇りと自信を持っていいと思う。

個性ある可愛げを磨く、自由度ある営業

この〝可愛げ〟という人間力は、実は、人それぞれ違う。それぞれがその魅力を最大限に発揮することができるのも、ディップの特徴だ。それは自由度の高さだ。一人ひとりの営業担当は、自由なスタイルで営業に取り組む。

それを顕著に表しているのが、「バイトル」に掲載されている職場を紹介する動画だ。会社ごとにその動画のつくりも質感も全く違う。営業担当者が、営業先の顧客とともに自由につくっている。制服だけを撮影しているものもあれば、社長が淡々と語るだけのものもあるし、働くメンバー全員が登場するもの、会社までの道筋が動画になったものと、その種類は千差万別といっていいほどだ。

おそらく一般的な企業では、まず、動画の品質を揃えるために、動画に盛り

込むべき要素や言葉を全社的に揃えることを考えるだろうが、ディップは違う。全くバラバラ。顧客と営業担当者が笑いながら楽しそうに撮影している動画もある。もはや顧客と営業担当者というよりも友達同士の動画である。

これこそがディップの営業スタイルの表れでもある。顧客と人間としてつながり、顧客の不満やニーズに耳を傾け、顧客に必要な人材を採用するために一緒に汗をかく。

こうしてディップは入社してきた社員たちの個性を一つの枠にはめないで育てていく。「自分で考えて、ちゃんと行動できれば、そこで評価してもらえるよ。例えば飛び込み営業が苦手だったら、既存のお客さんをしっかりフォローしてみたらどう」と先輩から個性に合わせたアドバイスを得て、自分らしさを生かせる営業のスタイルを見つけ、活躍している。

一定の型にはめようと抑圧すると、特に最近の若者は壊れてしまう。営業担当者すべてが同じマニュアルで同じタイプの営業をすることを求めず、一人ひとりの個性を尊重し、その個性を生かす方法をアドバイスし、良いところを伸ばしながら、その人独自の〝可愛げ〟の開花を手伝うのがディップ流だ。

自己肯定感を実感できる営業という仕事

高度経済成長期の企業では、ディップのように一人ひとりの個性を尊重する人材育成をしてくれる会社はほとんどなかったのではないだろうか。バブル以前には、「地獄の特訓」という研修が流行ったこともある。新入社員が駅前などに並ばされて大声で社是を叫ばされたり、自衛隊と一緒に厳しい訓練を受けたりと、一人ひとりの個性どころか、パワハラとも取れるような無理な研修を効果があるものとしていた時期もある。しかし、バブル世代が入社するようになってから、こうした研修は下火になっていった。なぜなら、研修に耐えられず、新入社員が次々と辞めていってしまったからだ。

抑圧を受けることで奮起し、人は成長するというのは、過去の幻想だ。今は、各種の学術的研究において、人間の成長の土台として必要なものは、「自己肯定感」であるという論が目立つ。自己肯定感とは、自分のいいところも悪いところも含めて、「自分は生きる価値がある人間だと思える気持ちのこと」をいい、本来ならば、0歳から3歳の間に、親の愛情を深く受けて身につけるものといわれている。しかし、日本は、自己肯定感を持つ子どもの割合が、先進国のなかで最下位という現実に直面している。[注]家庭でも教育の現場でも、自己肯定感を身につける機会を与えられないままに大人になった若者が、多くいることになる。

つまり、今、企業では、その自己肯定感を育む機会をつくらなくてはならない。ディップにおける営業職には、まさにこの自己肯定感を育む条件が揃っている。

それぞれの個性を否定せず認め、その個性に合わせた営業スタイルをアドバイスする。そして、営業では、受注に結び付かなくても、初めての電話で顧客に話を聞いてもらうこと、会って話をする機会をもらうことなど、小さな成功体験を数多く経験でき、それが自己肯定感を育む糧となっていく。

注「先進国のなかで最下位」
2013年11～12月に内閣府が世界7カ国（日本、韓国、米国、英国、ドイツ、フランス、スウェーデン）の13～29歳の男女を対象に実施したインターネット調査の結果に基づいている。
「自分自身に満足している」「自分には長所がある」「将来への希望」等の回答がいずれも最下位だった。

自己肯定感を育む先輩たちの存在

ディップには、入社当初、営業成績が全く上がらなかったが、今では立派な営業担当者や管理職として活躍している社員がいる。

ここで、3年前に新卒入社したある営業担当者Aのエピソードを紹介しよう。

Aは、営業として配属されたものの、2年目まで、全く成績を挙げることができなかった。「私、クズという感じの営業成績で、もう本当にやりたくなくて、辞めたかったんです」と当時を振り返る。しかし、そのAが、「今は、営業やっていてよかったなって思える」と言えるまでに成長した。

Aは、電話をかけるのが嫌だった。電話をかけて、無愛想に切られるのが嫌だからだ。電話をかけるくらいなら、飛び込み訪問して、顔を見て断られるほうがマシだと､電話を拒み､外に飛び出していった。それで結果が出ればよかったが、簡単ではなかった。そんな、組織的に見れば自分勝手なAに対しても、エリアの先輩は、毎回、親身になって相談に乗り、新たな提案の仕方なども丁寧に教えてくれた。先輩からも電話をかけることを勧められたが、Aは、かたくなに電話をかけることは拒否し続けた。

もちろん、先輩もいつも優しく教えてくれたわけではない。時として、厳しく、Aの足りない部分を指摘することもあった。1時間近く叱られ続けたこともある。しかし、先輩の言葉は、自分が今まで気づかなかった点を指摘するものであり、Aの心にストンと落ちた。

エリアの先輩だけでなく、事業部長も新卒のAの面談をしてくれた。事業部長といえば、全営業エリアの約半分の数百人を取りまとめる役職だ。しかし、ディップでは、たとえ相手が事業部長でも、社内システムで、電話もせずにネット上でアポが取れる。アポを取ると、Aの勤務先まで事業部長が出向いてきてくれて相談に乗ってくれた。

Aの場合は、事業部長に、一緒に目標を立ててもらった。その目標を立てるなかで、自分は絶対にここで頑張ろうと覚悟を持てた。そして、目標を達成したときには、事業部長が「おめでとう」とメールを送ってきてくれた。Ａはこのとき、「この人のためにももっとやらなきゃ」と思ったという。

また別の営業担当者も、目標を達成したときに、その事業部長からメールをもらったという。「最初はどうだろうかと思ったけれど、ラストスパートで決めたね」とずっと見守ってくれていたことが伝わる文章だった。

自己肯定感を育むために必要なことは、成功体験を認めてくれる親のような存在がいることだ。ディップには先輩や上司という、親のように愛情を注いでくれる人がいる。求められれば、誰に対しても時間を割き、その社員を常に見守り続け、大切な場面で、きちんと声をかける。できるようでできない、心配りと労力のいる仕事だが、この先輩たちの姿勢こそが最速成長に不可欠な自己肯定感を育む鍵を握る。

成長の壁を乗り越える力を与えてくれる使命感

最速成長のための要素として、自己肯定感の次に必要となるのが、使命感だ。使命感を持つ人間は強い。多くの偉人と呼ばれる人たちが困難を乗り越え偉業を達成してきたのは、使命感があったからだ。

ディップの営業の現場には、その使命感を育む環境もある。使命感とは、自分自身の能力の開花や自分自身を成長させていくことではなく、自分以外の誰かのために何かを成し遂げることを目的として持つことである。言い換えれば、仕事を通じて、誰に対して、どのように役に立てるかを考えることでもある。

ディップでは、アルバイトやパートといった非正規社員を対象とした求人広告を主たる仕事としており、お客様のなかには、店長だけが社員で、あとはすべてアルバイトであるような小売店や飲食店も多い。そうした店では、一人優秀なアルバイトが入るだけで、お店が変わることがある。お店の士気が上がり、サービスレベルが向上し、お客様の満足度が上がり、リピーターが増え、売り上げも上がる。こうした変化をディップの営業担当者は、目の当たりにすることができる。仕事を通じて、店長や店だけでなく、その店のお客様にまで喜んでもらうことができる。これも一つの使命感となる。

時には、逆の辛い結果を突き付けられることもある。ある営業担当者は、求める人材を採用できなかった結果、営業先が閉店してしまった経験を持つ。自分の仕事が店の経営に直結することを痛感した。

企業も店も、非正規労働者に頼る割合が高まっている今、以前にも増して、アルバイトやパートの人材が果たす役割は大きくなっている。そして、その人材を見つけ出すお手伝いをするディップの営業担当者たちは、企業や店の経営を左右するこの仕事の意味を実感し、使命感を持つようになる。

使命感を持つに至ったある営業担当者のエピソードを紹介したい。

２００６年の大量採用の新卒社員として入社した営業担当者の話だ。彼は、新入社員時代、営業でなかなか成果を挙げることができなかった。同期に負けたくないという焦りのなかで、なんとか商品を売ろうと四苦八苦していた。「バイトルを今なら、これだけ安くしますから、1回掲載させてください」と、価格重視のお願い営業ばかり繰り返していた。そんなとき、渋谷の飲食店を経営するお客様から、「もうバイトルのことはわかったけど、別に君に頼みたいと思わない」と痛烈な言葉を投げつけられた。その言葉を聞いた彼は、まるで自分に存在の意味がないと言われたように感じた。しかし、同時に目が覚めた。お客様にとって何が大事なのかを考えて営業をしてきたつもりだったが、実はできていなかった。自分の営業のやり方は、間違っていたと素直に思うことができた。それからは、お客様にとって何が必要なのか、何が欲しいものなのかを事前に考えて準備していくことができるようになった。今でも、そのお客様とは飲みに行く間柄だ。

彼は、お客様の一言で目が覚めたと同時に、お客様の本当のニーズは「情報」であることに気づいた。お客様にとって、人材採用が最終目的ではない。人を採用することによって、お店をどうしていくか、売り上げをどう上げて、利益をどのように出していくか、お客様の本当の目的を考えなくてはいけなかったのだ。極端な話を言えば、人を採用しなくても利益が伸びるならば、人を採用する必要はない。売り上げを上げるためには、「バイトル」のプランの説明より、隣のお店がどんな販売促進策を講じているのか、「ぐるなび」に何を掲載しているのか、1杯目100円キャンペーンで新規客の獲得に成功していること、リピーターを増やすために新たな工夫をしていることなどの情報こそが、お客様の欲しているものだった。

これに気づいて以来、渋谷エリアのこうした情報を数多く調べて、自分の情報ストックとして持ち、情報提供を始めた。そうするうちに、「ところで、君が扱っている商品はどんなものなの？」と、お客様の側から彼の仕事に興味を持ってくれるようになり、成約につながっていった。

お客様のどのような課題を解決するために、自分の仕事があるのか。そのことを考えることができた営業担当者は、使命感を持って仕事に打ち込めるようになる。そして、その使命感が、工夫をする力、学ぶ力を与えてくれる。

ディップの最速成長を支える「自己肯定感」と「使命感」は、営業の現場で育まれ、成長の原動力となっている。

第3章
最速成長のための基本「スタンス教育」

まずは、基本中の基本を徹底する

ディップに入社してくる社員たちは、豊かな人間性を持っている。しかし、それは必ずしも人としての基本を身につけているとはいえない。人としての基本とは、集団の中での基本的な立ち居振る舞いや心構えのことをいう。冨田は、こうした基本を身につけることが、「ビジネスマン最大の武器になる」と考えており、ディップでは、この人としての基本を、研修で徹底する。

個性を大切にし、自由度のある営業を良しとするディップが、人としての基本を徹底するというと、違和感を持つ方がいるかもしれないが、人としての基本があるからこそ、自己肯定感や使命感をつかむことができ、ひとりよがりではない自由を発揮できる。これもまた、生きるための基本道具のようなものだ。

基本中の基本は、挨拶をきちんとすることや時間を守ることだ。いまさらと思われるかもしれないが、こうした基本をおざなりにしている成功者には会ったことがないし、ダボス会議[注]などで出会う世界のトップリーダーは、誰もが心のこもった挨拶と時間厳守の習慣を当たり前のように持っている。この基礎がなければ、その上にいくら知識や知恵を重ねても、いつか崩れてしまう。

では、ディップの研修をのぞいてみよう。研修を受けるためのガイダンス資料には、「最低限のマナー」という項目があり、次のように書かれている。

全員で協力して良い学びの雰囲気を作る
座る姿勢・歩く姿勢に気をつける
身の回りの整理整頓を徹底する
必ずメモを取りながら話を聞く
「誰かがやってくれる、発言してくれる」はやめる
講話者、先輩社員に会ったら、元気よく目をみて挨拶する

注「ダボス会議」
世界経済フォーラム（本部ジュネーブ）の年次総会。毎年1月スイスのダボスで開催される。世界経済フォーラムは経済、政治、学問研究のリーダーたちが世界情勢の改善に取り組む独立した国際機関。毎年、総会には2000名を超えるリーダーが集まる。

基本的な挨拶や時間厳守のほかに、座る姿勢と歩く姿勢について言及されていることも注目すべきポイントだ。心と体はつながっている。心を整えるのは難しいが、体勢を整えることで、心がついてくる。坐禅や茶道で、まず型を大切にするのは、心を整えるためでもある。まず姿勢を整えること、環境を整えることで、心が整う。これは学ぶ環境をつくる上でも極めて大切なポイントだ。

こうした基本が徹底されていることを示す一つのエピソードがある。

ディップの新入社員に、入社の理由を聞いた際、こんな話をしてくれた。「就職活動で、面接に来た帰りに、社員の人が、エレベーターホールで扉が閉まるまで見送ってくれたんです。就職活動生にここまで丁寧に接してくれる会社って、すごいと思いました」。

この新入社員を見送った人事担当者の行動が仮に形式的なことだったとしても、その見送る姿勢は、少なくとも面接に来た学生に、心を届けた。形とは、自分自身の心を整えるだけではなく、相手に対しても心を届ける力を持つ。

相手が良い印象を持ってくれていれば、多少のトラブルがあっても、関係は一気に悪くはならない。職場内でもお客様との関係でも、相手に良い印象を与えることは、仕事を回す潤滑油となる。

会社を訪問すると、その会社が伸びていく会社かどうかは、すぐにわかる。マナーが身についた人がどれほどいるかを見ればいいだけだ。

どれほどスキルが高い人が集まっていても、社内外の人々との連携が不可欠な今、マナーが身についていない人が多い会社は、短期的には成果を挙げられても、長期的な成果は期待できない。いつか、相手を失望させてしまうからだ。

わずかな時間でも一緒にいた相手を丁寧に見送ることができるかどうか、そんな小さな一挙手一投足が、会社の未来を占う鍵を握っていることを知っておいてほしい。

研修に臨む心構えは、「自分のために」

基本のマナーの次に必要なのが、研修を受ける心の姿勢だ。それは、その企業の求める人材像にも通じるし、その後の企業の文化にも通じる、その企業独自の基本となる心の姿勢となる。

ただ伝えるだけの研修をする会社もあれば、積極的な質問や意見を求める会社もある。企業それぞれの文化がそこに反映する。

ディップの場合は、研修に取り組む姿勢を学校の授業との対比で伝える。学校の授業は「教えてもらう」姿勢で臨むが、ディップの研修では、「自分のために最大限活用する」姿勢で臨むことが求められる。

ここで少し脱線するが、この「自分のため」という言葉は働く基本のなかで、最も大切な心得の一つだ。ついつい「社会のため」「人のため」「家族のため」と言ったほうが評価されるような気がしてしまうが、これらの優先順位は、2番目以降だ。なぜなら、社会のため、人のために何かをしたいと思っても、自分に何かをする知識も能力もなければ、それは単なる妄想となる。

本当に誰かのために何かをしたいならば、その何かをするために自分の腕を磨き、成長しなくてはならない。だからこそ、まず新入社員が持つべき心構えは、自分のために学習し、自分のために働くことだ。

日本人の文化として、「自分のため」と言葉にすることははばかられるような気がするかもしれないが、名経営者と呼ばれる人々の半生を紹介する書籍を読めば、100人中100人が、まず自分自身を磨くこと、自分のために努力することを語っていることに気づく。

利他主義のためにも、まずは利己主義である。後進を育てる先輩たちには、社会に出たばかりの若者たちがもし、貪欲な利己主義を持っているように見えたときは、それが本人の腕を磨くためならば、頼もしく応援してあげてほしい。そして先輩は、利己主義の先にある利他の世界を、自らの立ち居振る舞いを通して見せていただきたい。

こうした話をすると、「若いやつらに利己主義を推進したら、自分勝手なやつばかりになって困る」と、先輩メンバーから指摘を受けそうだが、自分勝手で手に負えなくならないようにするためにも、基本中の基本となるマナーや哲学が必要になるのだ。先輩方には、まず後輩たちを育てるという意識を持ってもらいたい。それは、もちろん簡単ではないが、本当に大きな挑戦をしたいと考えるならば、なおさら後輩を一生懸命育ててほしい。大きな挑戦ほど、仲間が必要だ。後輩が育たなければ、どんな大きな計画も絵に描いた餅で終わる。

チーム行動の基礎をつくるグループワーク

研修は、自分のためにという心構えで臨むべきだが、たった一人で受けるものではない。仲間とともに臨むものだ。そのために必要なことが、仲間とともに学ぶという姿勢。

ディップでは、研修時に5〜6人のグループをつくる。そこでチームで仕事をするための基礎を体験を通じて学ぶ。グループ運営にも、次のような注意事項がある。

グループでの話し合いでは、自分から口火を切ることの訓練をしましょう。

相手の話に真剣に耳を傾けましょう。

よし悪しの評価をすぐにせず、多様な意見を出し合い、認め合いましょう。
グループ替えは特別な理由がない限りは実施しません。

研修中は、グループ単位でさまざまな学びを行うことになる。前日の復習テストもグループ対抗で競うことになるため、学びにおける助け合いが必要となる。

また、ディップの仲間として好ましくないと考えられる言動には、イエローシールが出され、グループの持ち点から減点される。逆に好ましい言動には、ブルーシールが出され、グループに加点される。

まるで学生時代のサークル活動のような雰囲気もあるが、ほどよい縛りのなかでの緊張感と、それをゲーム化し、自分を律することによる成果を見える化することで、楽しみながら乗り越えられる。

研修は1週間ほどだが、朝から夜まで時間をともにし、最終日には、涙を流すほどの一体感が生まれてくる。この新入社員研修が、同期の絆を強め、異なる部署に配属されても、時に刺激し合い、時に助け合う永遠の仲間となる。

互いに自己を開示し、自己肯定感を高める

配属後に、「人生曲線」を描くという研修を行った年がある。これまでの人生をどのように歩んできたかを描き、これからやりたいこと、目指していることなどを吐露し合うものだ。

なかには、自分をオープンにするのを好まない社員もいる。「最初、すごく嫌だったんです。初めて会った人と共有したくないという気持ちが強かった。でも、後々考えてみると、あれがあったからこそ、自分ってどういう人間なのかを、仲良くなる前に知ってもらえたことは大きかったと思う」と話してくれた社員がいる。

ディップでは、こうした自らをさらけ出すことをよしとする文化がある。自

分をさらけ出すことで、職場では、猫をかぶる必要も、仕事用の自分を演出する必要もない。ある社員は、「自分を隠すという不毛な努力が必要ないから、伸び伸び仕事ができるし、成長に全力投球できる環境が整っていると思います」と語ってくれた。

それぞれが、それぞれの個性や能力を認め合い、それぞれの個性を生かした仕事の仕方を開発していく。「俺は、頭は悪いけれど、元気さは誰にも負けない」という仲間の一言に、勇気をもらったという社員もいる。研修での仲間との対話を通じて、一人ひとりが自分を振り返り、仲間を知り、自信を身につけていく。

学び方を教える「スタンス」

理想的な教育について語るとき、こんな例え話がされることがある。「魚を与えるのではなく、魚の釣り方を教えよ」。教育は、一人ひとりが自分の足で立ち、自分で未来を切り拓くための基礎を教え、基礎力を育むサポートをすることだ。教師や親は、一生子どものそばにいて手伝うことはできない。一人で生きていくための術を伝えなくてはいけない。

企業研修も同様で、マニュアルを徹底的に教え込んでも、社員たちはマニュアル通りの行動はできても、マニュアル外のことが起きると手も足も出なくなる。マクドナルドが日本に進出してから、日本でもマニュアルを使った効率的な人材活用がブームになり、至る所で、マニュアル化が進んだ。しかし、マニュアル以前を知っている社員がいる時代は、マニュアルに載っていないことが起きても行動できたが、マニュアルが当たり前になってから入社した社員たちは、マニュアル外の出来事には対処できないという事件が頻発した。

そこで、マニュアルに、各作業がマニュアル化されたときの背景や考え方を記載する企業が出てきた。変化のスピードが緩やかな時代ならまだしも、変化のスピードが上がり、多様化が進む今は、マニュアルだけでは変化対応できない。目の前で起こる出来事に対して、常に臨機応変に対応するには、自ら考え行動する力が必要である。

そしてその対応力を身につけるために、まず必要な基礎力が、自ら学ぶための学び方を知ることだ。

ディップでは、その学び方を、「スタンス」と呼ぶ。学び、成長するために欠かせない「スタンス」は、ディップにおける学び方の基本だ。

■ディップ社員に求められる基礎力

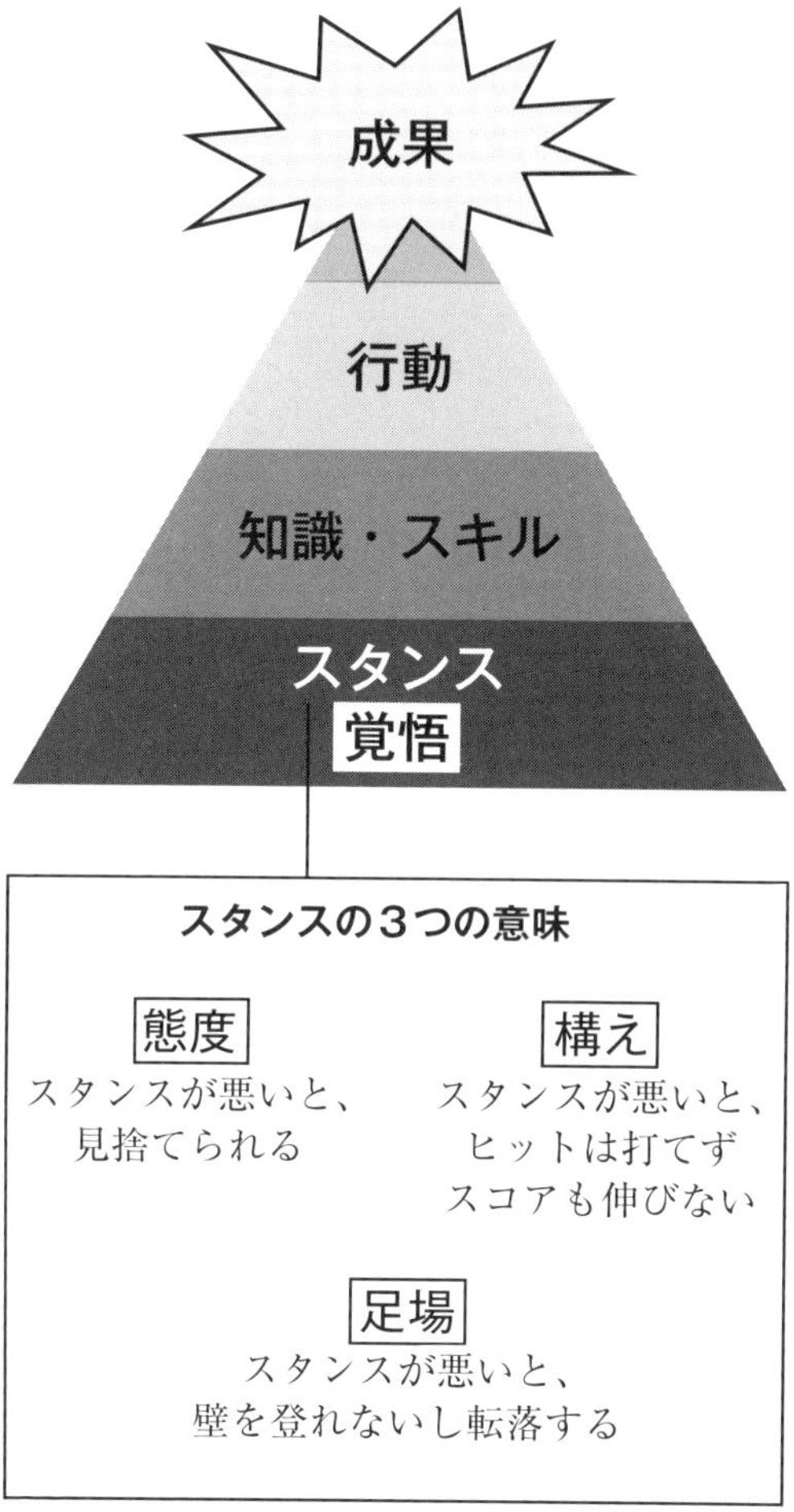

プロのビジネスパーソンとなるための八カ条

ディップでは、「スタンス」という言葉を頻繁に使う。共通するのは、仕事をする上での基本という認識だ。

スタンスとは何か。

人事担当者によれば、スタンスには「態度」「構え」「足場」の3つの基本があり、あえて、それを言語化したものがあるとするならば「一流のプロのビジネスパーソンとなるための八カ条」だという。

第一条　一流のプロは主体性をもって仕事をする
（自ら仕事を創り出し、仕事を楽しむのがプロ）

第二条　一流のプロは基本をおろそかにしない
（マナーとルールがビジネスの基本）

第三条　一流のプロは自己管理を徹底する
（自分のことすら管理できない者に、他人や組織の管理はできない）

第四条　一流のプロは自己研鑽を怠らない
（育ててもらうのではなく、自ら力をつける努力をする）

第五条　一流のプロは自ら目標を設定する
（言われずにやるのがプロ　人は掲げた目標以上には成長しない）

第六条　一流のプロは結果に自己責任を持つ
（ビジネスに他責は厳禁）

第七条　一流のプロは勝利に執念を持つ
（執念が知恵と工夫を生み、地道な努力が結果を決める）

第八条　一流のプロは一流の人間性を持っている
（誠実さと感謝の心が人間力の基本）

この八カ条は、ディップでプロになるための要件であり、一言で表現すれば「スタンス」ということになる。研修では、この八カ条をディップのスタンスとして、具体的な事例や比喩を交えて学ぶ。

意思決定の際に使う「口癖」はあるか？

こうした研修を繰り返し受けているうちに、社員たちは知らず知らず「スタンス」が口癖になる。後輩たちを評するときも、仕事の見直しをするときも、「スタンス」という言葉が頻発する。「あの子、スタンスがいいよね」「スタンスが違うんじゃない？」など、ディップの社員以外には、汲み取れない意味も込めて「スタンス」という言葉が使われている。このように、日頃の社員間でのコミュニケーションで、気がつくと使われるようになり、それが口癖のように出てくるようになれば、社内浸透度もかなり高いといえる。この「口癖化」が、ビジョンやミッションの共有を日常で強化していくための鍵となる。

読者の皆さんの会社には、口癖はあるだろうか？　会議などで意思決定をするときに、互いに使う言葉はあるだろうか？

口癖は、企業によって各社各様だ。「この企画、愛がないよね」「この商品、愛がある！」と「愛」を基準にする会社、「このアイデア、人を笑顔にする？」など「笑顔」を基準にしている会社もある。それぞれが曖昧模糊とした言葉で、社外の人間からすると、基準は全くわからない。だが、企業文化が醸成されている会社は、その言葉の背景を、非言語で社員たちが共有している。

多くの場合は、この口癖は、経営者の口癖から伝播することが多い。経営者には、まず、自分が一貫した言葉を使っているかを振り返ってみることをお勧めしたい。社員たちは、経営者の言葉をいつも注意深く聞いている。

第4章

最速成長のための先輩たちの「手間隙《ひま》コミュニケーション」

成長痛を乗り越えたとき、成長がある

思春期に体が成長するときに感じる痛みを成長痛という。体だけではなく、心も成長するときには痛みを伴うことが多い。その痛みを自分一人で抱えていると、辛くなる。特にディップのように最速成長する際の痛みは、ゆっくり成長するよりも大きいかもしれない。

仕事の現場での悔しかった経験、辛い経験は、誰もが持っている。そして、後で振り返ると、そのときに、自分が成長していたと実感する。しかし、その経験に直面しているときには、「今こそ自分の成長のとき」と客観的に考える余裕はない。「なぜ、自分だけ、こんな目にあうのだろうか」「どうしてわかってもらえないんだろうか」と、自分を責めたり後悔したり、前に進む勇気を失うことさえある。

ディップの場合、そんな痛みを和らげてくれる存在が、先輩たちだ。一人ひとりの痛みの原因を一緒に探してくれたり、痛みを和らげるための手伝いをしてくれる。

しかし、いつも痛みを和らげてくれるだけではない。痛みから逃げている社員には成長に不可欠な痛みを与え、ともに乗り越える手助けをしてくれる。

ディップの最速成長は、若手社員の実力だけによるものではない。先輩たちの驚くほどの後輩たちを思う心とそのために使う時間がなければ、最速成長は実現しない。

上を見て、下も育つ

ディップでは、どうして先輩たちが、ここまで後輩たちの成長を支えるために時間と労力を使うのだろうかと驚く。こうした文化は、冨田の理想から生まれた。

冨田は、「社員満足度No.1の会社」をつくりたいと考えてきた。

社員満足度とは、一体何か。休みが多くて福利厚生がしっかりしていることだろうか。これももちろん重要だ。多くの就職志願者たちが、福利厚生も大切な要素として重視している。しかし、これだけでは、社員に満足してもらうことはできない。自分の成長の実感に加えて、一緒に成長する仲間の存在が不可欠だ。

ディップでは、後輩たちの成長を支えるために、先輩たちの手厚いサポートがある。それは就職前から始まっている。例えば、就職活動の際にも、先輩たちは、一人ひとりの学生と何時間も面接してくれる。希望があれば、面接ではなく、面談の時間もつくってくれる。

採用が決まれば、さらに先輩からのサポートは厚くなる。例えば、内定が決まった後からそれぞれの新入社員に担当の先輩がつく。導入研修が終わる日には、その一人ひとりに、先輩からメッセージが書かれたカードが送られる。2017年の担当者たちは、一人約50人ずつの新入社員を担当し、それぞれが50人分のメッセージを書いた。新入社員一人ひとりが研修でどのように成長したかを書き記すのは、簡単な仕事ではない。研修中も一人ひとりに心を配らなくてはならないし、一人ひとりが研修期間中にどのように成長したかを思い浮かべながらカードを書く作業に徹夜した担当者も少なくない。

多くの会社で、研修後に、新入社員に所感の提出を義務付けることはあるとしても、指導に携わった先輩たちが、後輩に対して所感を出すことなど、ほとんどないだろう。ある新入社員は、先輩からのメッセージカードに、自分の入社面談のときの印象から研修後までの変化が書かれていて、驚いたという。「ちゃんとずっと見てくれていたんだと、感激しました」とカードをもらったときの話をしてくれた。

こうした心と時間を使った先輩からのメッセージカードをもらった新入社員たちは、自然な流れで先輩への感謝のメッセージを送ることもできるようになる。後輩たちに「社会人として、お礼をするのは当たり前」と伝えるのは簡単だが、お礼をしたくなるようなメッセージを送ることを通じて、お礼をすることの本当の意味を後輩たちは理解する。

後輩だけがやるのではなく、先輩がお手本を見せ、後に続く者にとって当たり前の環境と文化をつくっていく。これがディップのやり方だ。

五月病にならない日報制度

ディップには、五月病はないという。その理由は、「4月に入って、1カ月足らずで、自分の成長を実感できるから」とある新入社員は話してくれた。「大学の友人と飲んでいると、会社がつまんないという愚痴が多いけれど、ディップではそんなことを言う人はいない。できないことができるようになっていく過程が面白いですし、それをきちっと評価してくれますから」。

ディップでは、新入社員は、毎日、日報を書く。その日報は先輩たちが読み、必ずフィードバックをしてくれる。一人に対して2~3人以上の先輩が毎日、長文のフィードバックを送ってくれる。その内容は、まずは、ほめてくれる。その上で、何ができたか、何ができなかったかなどをきちんと言葉で伝えてくれる。そして、結果だけではなく、日々のプロセスにおける行動をこと細かに、指摘や評価してくれる。これらのフィードバックを通じて、自分では気づけない点を伝えてくれることが多く、ありがたいと新入社員たちは言う。

その先輩たちは、まだ入社2~3年の年齢の近い先輩だ。先輩たちも、数年前に自分が体験したことを振り返りながらアドバイスができるし、当時の気持ちもまだ鮮明に記憶に残っている。だからこそ、新入社員にとっても、納得できる話が多いのだろう。

ある新入社員は、先輩たちのこうした行為に対して、「先輩たちも、きっとその上の先輩たちから、こうしてフィードバックをもらってきたんだと思うけど、上下関係というよりも、後輩たちにいいものをどんどん引き継いでいこうという気持ちが伝わってきて、すごいと思う」と話す。先輩と後輩の信頼の絆は、代々受け継がれている。

先輩の態度に感動し、言葉を超えて学ぶ

先輩と後輩の関係は、上から下へのアドバイスだけで生まれてくるものではない。年齢の近い先輩たちは、後輩たちに精一杯、いいものを伝えようとしているが、力が及ばないときもある。そんなときは、先輩たちは後輩たちに素直に謝ることもある。

例えば、本社に配属された新入社員が、与えられた検討課題をまとめて統括部長に報告したところ、すべてやり直しのダメ出しを受けてしまったことがある。新入社員たちをサポートしていた3年上の先輩は、その話を聞いて、新入社員たちに「自分の方針が間違っていた。ごめんね」と謝った。その言葉に、新入社員たちは、「自分たちこそ、理解できていなくて、ごめんなさい」と謝った。

新入社員にとって、その先輩の謝罪の一言は衝撃的かつ感動的だったという。自分たちが先輩になったとき、こんなふうに先輩として責任感を持って後輩に接しなくてはと思った。こうした日々の先輩との日常の一コマ一コマが、後輩たちの成長へとつながっていく。

人間は、言葉で言われたことをすぐに実行するのは難しい。心が動いたとき、体が自然に動き、記憶に残る。このエピソードも同じ。新入社員たちの心は、先輩の一言で動いた。きっと、この新入社員たちは、この一言で、次に入ってくる後輩たちに、先輩として責任を持ってアドバイスをするとはどういうことかを身をもって理解したに違いない。これこそが、感じて会得する、「感得」だ。

愛情はかけても、甘やかさない先輩と後輩の関係

こうして先輩たちに、日々時間と心を使ってもらえる後輩たちは、2年、3年と経つうちに、自分たちも先輩と同じことを後輩にするのが当たり前になっていく。

3年目の営業担当Bは、後輩に対してこんなことを伝えている。「自分が新卒のときに、教えていただいたのは、とてもありがたかったけれど、それと同時に、この子に教えたいなって思われる自分じゃないと、周りは教えてくれないだろうと思っていた。だから、君たちにも先輩として最低限は教えてあげるけれど、新人の時代は教えてもらわないといけない立場なのだから、教えたくなるような態度をしなくてはいけないよ」。こんなふうに、Bが伝えるのも、

アドバイスのメールをしたときに返信をくれる後輩とくれない後輩や、いろいろと聞いてくる後輩と聞いてこない後輩がいる状況に、心を痛めているからだ。

Bは、一人ひとりの将来を考えると、手取り足取り教えることがプラスにはならないことを、入社1年目に実感したという。だから、後輩に対して愛情をかけながらも、決して甘やかすことはない。それは、同期の間でも同じだという。互いに幻想を持ち合ったり、甘え合ったりはしない。

人の成長を支えるというと、どこまでも責任を持たなくてはいけないと考える人もいるだろう。しかし、他人の人生を本当の意味で支えることはできない。自分の人生に責任を持てるのは自分しかいない。無条件に愛情を注いでくれる親もいつかは逝ってしまう。自分で自分を支えるしかない。だからこそ、人の成長を支えるとは、その人が自分を支えることができるように、手伝うことまでしかできない。他人の成長に責任を持つとは、手を差し伸べ続けることではない。支えてもらうことに甘えが出てきた人には、時として、突き放すことも必要となる。支えるとは、そういうことだ。

現場に出たら、先輩からのアドバイスは、質問に変わる

ディップの社員たちは、先輩たちに、日々アドバイスをもらうだけではない。自らも勉強する。なかには、先輩たちに、もっとほめてもらいたいという思いもあって、勉強している社員もいるかもしれない。理由は何にしろ、自ら学び、工夫する文化がある。

ここにも先輩たちの功績がある。先輩たちは、後輩たちに必ずしも答えを与えない。答えよりも、質問を投げかけることが多い。営業部門に配属された新入社員は、毎日、先輩にこんなふうに詰められているという。

「売り上げが増えていないけれど、どういうふうに売り上げを増やしていくつもり？」

「前よりも買ってもらうには、どうしたらいいと思う?」

言葉だけを聞くと、いきなり新入社員にこんなことを聞いて答えられるのかと思うが、新入社員であろうが、2年目3年目であろうが、常に考えているかどうかを問われる。

だから、「なぜ、できないの?」と結果を問われることはない。なぜできないかを考える必要はあっても、それは個々人が考えること。先輩たちはそういう相手のマイナス面を責めるような質問の仕方はしない。次に何をするかを常に問う。コミュニケーションの在り方は、どこまでもプラス思考だ。

「ノルマはきついですが、どうしたらいいか、その方法を考えることを求められる。結果だけを問われることはない。考えてないことを指摘されるので、大変だけど、考え方は教えてもらえる。だから、自分で考えなくてはと思います」

こう話すのは、入社してまだ数カ月の新入社員C。C自身も、自ら営業とは何かという本を読んだり、自分が担当する業界の本を読んだり、学びに余念がない。しかも、数カ月間、先輩たちを観察して、成果を挙げている先輩は、仮説を立てて営業をしていることを発見したという。以来、Cは、お客様が今何に困っているかをしっかり把握することに注力し、自ら仮説を立てて動き始めている。

常に考えることを求められるうちに、先輩の一挙手一投足を見るだけではなく、なぜ先輩はこうしているのか、先輩が何を考えているのかを考える習慣が身についていく。

考え続ける習慣を身につける「Good Question」

考え続ける習慣は、導入研修から始まる。導入研修には、「チームで『Good Question』を一つ考え、リーダーがアンケートフォームで送信する」という取り組みがある。
ディップの「Ｇｏｏｄ Ｑｕｅｓｔｉｏｎ」の条件は、以下の通り。

Ⅰ…何が聞きたいのか明確である
Ⅱ…核心・本質を突いている
Ⅲ…相手が本気になって答えたくなる（価値ある情報を引き出させる）
Ⅳ…聞く目的（聞いてどうする）がはっきりしている
Ⅴ…全体に貢献できる（個人的な質問ではない）

質問も、思いつきではなく、その質問が5つの条件を満たしているかどうか考える必要がある。質問するという行為一つについても考える機会が与えられる。

教える側は、教わる側の何十倍も考える

こうしてディップの研修を見ていると、日々の後輩たちへのアドバイスが、極めて具体的かつ理解しやすいように工夫されていることに気づく。「もっと良い質問をしよう」「もっと具体的な質問をしよう」「相手が答えたくなるような質問をしよう」といったアドバイスをすることがあると思うが、これらの言葉では、経験のない若者には伝わらない。

まず、「良い質問とは何か」を考えることが必要だ。ディップの「Ｇｏｏｄ Ｑｕｅｓｔｉｏｎ」の条件には、良い質問を考えるための具体的な指針が書かれている。そして生まれてきた質問に対して、評価しアドバイスする仕組みがある。

教える側に求められるのは、教わる側がまず実践してみることができる段階まで、噛み砕いて説明をすることだ。そうなると、教える側は、教わる側の何十倍も考えて、言語化していくことが求められる。

おそらく歳を重ねれば重ねるほど、身につけてしまった知恵を分解し言語化するのは難しくなる。才能のある選手ほど、コーチには向かないという説もあるが、飲み込みの早い選手は、飲み込みの悪い選手がなぜできないのかがわからない場合が多い。その意味でも、ディップのように、考える習慣を身につけたばかりで、まだ試行錯誤の段階にある2年目、3年目の先輩たちが、新入社員にアドバイスをする仕組みは、本人たちも苦労しながら、言語化し、後輩たちに伝えていくため、先輩もまた、自分自身の知識や体験を棚卸し、それらを言語化された知恵へと昇華することで、双方が成長するチャンスとなる。

「遠慮しない文化」で、自分の考えに責任を持つ

　ディップの社員たちと話していて、感じたことは、いい意味で遠慮がないということ。自分の意見をはっきりと言う。相手が誰であろうと、考えが違えば、違うと言う。誰もが、はっきりと自分の考えを伝える。そして、相手の言い分もしっかり聞き、納得ができれば、素直に賛同するし、納得できなければ、さらに持論を伝えていく。

「部下は上司の言うことを聞くものだ」という固定観念を持っている人は、面食らうだろうが、これこそがディップの若手社員の強みの一つといえるだろう。相手が誰であろうと自分を失わないし、迎合しない。真実を求める姿勢がある。

営業部門では、先述の通り、先輩たちは後輩たちに、「どうしたら売れるか」というプロセス上の工夫を質問する。その際に、後輩たちは、自らが考えた仮説を先輩たちに伝える。時には、その考えは、先輩と後輩では真っ向から対立することもあるが、先輩に言われたからといって、後輩がすぐに納得するわけではない。互いになぜそう思うのかという意見を闘わせる。客観的に見ると、怒られているのか、けんかしているのかと不安になるが、それは熱い議論ということらしい。

そんな先輩たちの姿を見ながら、新入社員たちも自分の意見を堂々と言うことを良しとする文化に馴染んでいく。そして、自分の意見を持つことで、自分が出した結果に責任を持ち、誰かのせいにするということはできなくなる。自立した大人が育っていく。

管理職も最速成長を目指す

最速成長するのは、新入社員だけではない。管理職も最速成長しなければ、新入社員たちに追い越されてしまう。管理職たちの成長はどのように実現していくのか。

ディップの管理職は、大企業と比べると年齢が低い人が多い。2006年の大量採用[注]以降に入社した社員たちが、すでに管理職として活躍している。ディップでは入社4～5年目までの昇格スピードは速く、数年でリーダーとなり、10年ほどで事業部門を統括する部長クラスにまで駆け上がるメンバーもいる。

冨田は、能力が少々足りなくても、あえて管理職に引き上げるべきだと言う。環境が人を育てると信じているからだ。

注「大量採用」
dipでは、人を大切にする意味から大型採用と呼ぶ。

現在のディップの管理職には、2種類のメンバーがいる。2006年以降に新卒で入社した社員とそれ以前に入社している新卒・中途入社の社員たちだ。しかし、中途入社といっても第二新卒の入社組も多く、それほど年齢に差はない。

彼らがディップに入った頃は、まだまだ人事制度も研修制度も整っていない時代。まさに日々、つくりながら走ってきたといっても過言ではないだろう。

2006年の新卒を受け入れた2006年当時の様子を、社員たちに聞いた。誰もが口を揃えて、当時は、混沌だったという。先に入社していた中途採用のメンバーも、まだ入社して半年から1年という者が多く、教えるための知識も経験も十分でなかった。しかも、そこに一気に右も左もわからない新卒社員が入社してきた。管理職一人に数十人が部下として配属された営業部門もあった。先輩が2回程度営業に同伴して、手本を見せた後は、自分一人で営業に出るというのが現実だった。先輩たちも、数字を上げなくてはいけないし、新卒も同様。みんなが自ら工夫をして、売れる方法を考えなくてはいけなかった。しかし、それが、やる気のある者にとっては、工夫がすぐに実績として表れる面白さとなった。

一方、結果をすぐに出せない者もいた。そのうちの何割かは辞めてしまったが、残った者たちが心の支えにしたのは、会社の成長だった。自分たちはまだ結果が出せないけれど、会社は着実に成長している。自分も実力をつけて結果を出すことができれば、きっと活躍するチャンスがあるに違いない。先輩も多くない。出世できるポジションはこれから増える。そんな期待が、成果が出ないなかでも前進する勇気を与えてくれた。

自らが夢を持ち、自分で考え成長をつかみ取ってきた社員たちは、その苦しみと喜びの体験が自信となり、後輩たちの成長を支える先輩という存在になった。

しかし、こうした環境のなかで管理職になった社員たちは、理想とする管理職を見てきていない。気がつくと、多くの部下が存在し、その人生を預かるポジションに就いていたのだ。しかも、部下たちは最速で成長してくる。管理職自身もまた、ディップの文化を背負った理想の管理職像を求めて、最速成長に挑戦している。

新卒の最速成長が、先輩たちの自己研鑽を後押しする

何も整っていなかったベンチャー時代のディップに新卒で入った現在の管理職たちは、自力で成長する覚悟とパワーがあった人たちだ。そんな彼らにとって次々に入社してくる新卒社員たちの存在は、彼ら自身の成長の原動力にもなっているようだ。

中途採用組の中には、働きながらＭＢＡ[注]を取りに行ったというメンバーが何名かいる。自らの幅を広げたい、他流試合をしてみたいなど、ＭＢＡ取得に向かった理由はそれぞれだが、その背景には、下から猛烈な勢いで成長してくる新卒入社の後輩たちに対する危機感も少なからずあったに違いない。

加えて、先輩として後輩たちに「自分は何をしたいのか」と問いかけ続ける

毎日を送るうちに、自分自身でも自分に同じ問いを投げかけることも多くなる。一体、自分は何をしたいのか、何のためにディップで働いているのか、後輩たちに問いかけ続ける資格はあるのか、後輩との対話を通じて、自問自答を繰り返すことも少なくない。

しかも、彼らの世代には、ロールモデルとなる先輩はいない。どのように管理職として役割を果たし、自らの未来を描いていくのか、そのヒントを外に求めるようになる。それが、社会人大学院への進学や研修への参加につながっている。

そして、他流試合をするたびに、ディップと全く価値観の違う世界の存在に気がつくことになる。自分たちよりも速いスピードで成長する会社や大きな利益を上げる会社で活躍する人にも出会う。それはそのまま、自分に対する危機感となると同時に、ディップの後輩たちに対する危機感にもなる。自分たちが成長しなければ、後輩たちの成長もない。

こうして、先輩たちの声もあり、社会人大学院に通う際の学費を全額負担する制度が生まれた。

注「MBA」
経営学修士。

会社の成長スピードと自己成長のスピードが合わないときは、卒業のとき

成長する会社は、成長フェーズに応じて、入社してくる社員の質が変わっていく。小さな会社のうちは、大企業に就職するような人材は、なかなか応募してきてくれないが、業績が挙がり、知名度が上がってくると、優秀な人材が多く入ってきてくれるようになる。そうした社員の力を借りて、会社はさらに成長スピードを上げる。しかし、そこで問題が起きる。

それは、会社の高速化する成長スピードについていくことができないメンバーが出てくることだ。

そうしたメンバーは、別の会社へと卒業していくことが本人と会社の両者にとって望ましい。時折、人を大切にすることをモットーにするがゆえに、社員

の退職をネガティブに捉える経営者もいるが、本当に社員が大切であるならば、その人の能力に合った環境が自社になく、他にあるならば、他社での活躍を後押しすることのほうが良い場合が多い。社会全体で人材の適材適所が実現することが、ほんとうの人材流動化の意義だ。

ディップにもそうした会社のフェーズに応じた人の変化は起きている。一部上場企業となり、高業績を挙げていると、入社する人たちの質も変わってくる。入社当初から意識も能力も高い人が入ってくる。ディップでは、年齢が上であるとか、入社年次が早いからということで一目置かれることはなく、自ら提案すれば、たいていのことをやらせてもらえる。こうした環境がある限り、成長したいと考える能力の高い社員が、新卒、中途にかかわらず、今後さらにディップに入ってくるだろう。

一方で、自分の成長スピードのほうがディップより速いことを理由に、自らディップを卒業した社員たちもいる。そんな社員たちの何名かは、ディップに再び戻ってきている。ディップでは、一度、ディップを卒業したメンバーが、再びディップに帰ってくることを歓迎している。外で腕を磨いて帰ってきた社員の中には、退職前と同じポジションに戻る者もいれば、同期よりも高いポジションに処遇される者もいる。実力次第だ。

可愛い子には旅をさせよという言葉があるが、大切に育てた新卒社員だからこそ、他社へ旅に出て、ディップでは身につけられない知見や能力を身につけて帰ってくることは嬉しいことであり、そんな社員たちは、ディップをさらに進化させてくれる大切な仲間である。

第5章

最速成長に集中できる「文化づくり」

成長に集中するために、物心ともに安心できる環境をつくる

社員たちが最速成長を実現するためには、成長に集中するための環境が必要である。組織の中での出世競争や人事評価に対する不公平感などがあると、社員たちは自己成長よりも他人に対する批判や不満を言うために時間を使うようになる。

しかし、ディップでは、こうした無駄な時間を使うことはほとんどないと社員たちは言う。「ディップの特徴は？」「ディップの良いところは？」という質問をすると、ほぼ100％返ってくるのは、「人がいいところ」という答えだ。転職サイトなどで、元ディップの従業員たちの声を拾ってみても、「ディップは人がいい」「人が大切にされている」というコメントが目立つ。

ある意味、「いい人」たちが集まっているため、人に対する陰口や悪口、批判などは起こりにくい。さらには、入社当初から自己分析を徹底して行い、それを互いに共有しているため、素のままの自分を互いに認め合える環境も整っている。

そのため、他人を羨んだり、恨んだりすることなく、自己成長に集中できる。

こうした環境づくりは、最初の研修だけで整うものではない。冨田をはじめとした経営幹部は、常にこの環境が損なわれないように気を配っている。

例えば、こんなエピソードがある。

ディップには、社員の業績に応じて表彰をする制度があり、10名に対して1名の割合で優秀賞を出す。しかしある年、選抜の結果、よく頑張った2名が甲乙つけがたい状況で残った。冨田は、無理に1名に絞ることはせず、2名に表彰をしたらどうかと提案した。表彰するための予算を気にして、現場では、どうやって一人に絞るか頭を悩ませていたが、冨田の一言で、このときの優秀賞は2名になった。

「仲間同士での勝った負けたは必要ない。同じくらい頑張ったのならば、2

名に出せばいい」と冨田は言う。「こいつのせいで、俺が選ばれなかった」という空気が生まれることを冨田は望まない。

また、冨田は、いくら仕事ができても、和を乱す人は評価しない。こんな例もある。営業トップの成績を挙げていた社員を、担当から外したことがある。トップ営業が外れてしまうと、その部門の営業成績は大きく落ちてしまう。

しかし、冨田は、その営業担当者の職場での傲慢な態度によって他の社員たちが辛い思いをしていることを知っていた。冨田は、営業成績よりも、ともに働く社員たちの心の平安を重んじた。もちろん、本人にも異動の理由を告げた。「長期的に考えれば、一時的な営業成果よりも、社風を守ることのほうが大切だ」と冨田は言い切る。

こうした社員の心の平安づくりに余念のない冨田だが、一方で、「お金を稼ぐ」ことにも強い思いを持っている。「なぜ、お金を稼ぐのか」という質問に、冨田は「社員に、自分の人生に安心感を持てるようにしてあげたい」と答えた。

将来に対して経済的な不安を抱えていても、やはり自分の成長に集中できない。お金のために働くようになると、何かが崩れる。経済面の不安も取り除き、自己への成長に集中できる環境をつくりたいと冨田は考えている。だからこそ、「お金を稼ぐ」ことにも、貪欲であり続ける。

おお礼メールの習慣がポジティブな人間関係をつくる

社員たちがいい人でいることができる環境づくりは、会社の文化づくりでもある。文化は言葉だけで醸成されるものではない。日常の積み重ねが文化をつくる。

ディップの文化の基本は、人間関係だ。先輩と後輩の間の密なコミュニケーションについてはすでにお伝えした通りだが、社内でのさまざまな形での人間同士の交わりが、成長の支えとなったり、気づきとなったり、最速成長を育む鳥の巣のような役割を果たしている。

その人間関係を円滑にする最も大切なことの一つが、「感謝の気持ち」ではないだろうか。ディップでは、お礼メールを送るという習慣がある。四半期が終わるごとに、社長から各部署にお菓子などの差し入れが届く。そのときもほとんどの社員が、社長に直接お礼メールを送る。先輩たちは、後輩たちがお礼メールを送っているかにも、常に気をかけている。

初任給を受け取った新入社員に、こんな質問をした先輩もいる。「初任給をもらってどんな気持ちだった？」。うれしかったと答える社員たちに、「じゃあ、誰かにお礼を言った？」と、さらに先輩は問いかけた。社員たちは、その言葉にハッとして、まだ売り上げも上げていない自分たちの初任給はどこからくるのか、初任給をもらえるような大人に成長できたのは誰のおかげなのかなど、さまざまに考える機会となった。そして、先輩や上司、両親への感謝の気持ちを確認し、メールを送る。

メールを送ることで、相手に対してポジティブな気持ちを持つことができる。お礼メールをもらったほうも悪い気がしない。互いの心にポジティブな心象風景が広がり、その後のコミュニケーションや人間関係に必ずプラスになる。

こうしたお礼メールは、直属の上司だけでなく、社長や役員、部長などへも直接送る。直属の上司を飛び越えて、社員が経営幹部とメールのやりとりをすることは日常茶飯事で、そこで上司の知らない新たなアイデアが交わされることもある。しかし、そのことに文句を言う上司はいない。みんなで大きな目標に向かって頑張って、成果はみんなで分配する文化があるからだ。

社長が社員を信じる力が仲間を互いに信じる力を生む

自分を飛び越えて部下が上司と勝手に話をすることをディップの誰もが気にしないもう一つの理由は、ディップの社員は誰もがいい人であると信じているからだろう。社員の誰もが、「ディップは、人がいい」と言うが、そのいい人の中には自分も含めている。自分もいい人であり、人を騙したり裏切ったりしないという自信がある。そして、会社の仲間もそうだと信じている。

そんなディップでもパワハラを受けたという申し出が、現場から上がってきたことがある。その出来事に対し、人事部では、処分をどのように考えるかを冨田に提案に行ったところ、冨田から真っ先に出た言葉は、「問題を深刻にする前に、周りが動いてやれなかったのか。見て見ぬふりをするのは、ウチの文化と違うよね」だった。冨田はすべての社員を信じている。だからこそ出た言葉だ。

この一件に見られるように、冨田は社員を疑わない。その冨田の社員を信じる気持ちが、社員たちにも伝わっているからこそ、社員たちは自らを律する自信が持てると同時に、仲間を信じることができるのである。

誰でも、自分が信頼する人が信頼している人のことは、会ったことがない人でも信頼するものだ。

安心できる場所をつくる「村文化」が自発性を育む

仲間を互いに信じ、コミュニケーションを大切にするディップの組織を他社で働いたことがある中途入社の人事担当者は、「村文化」だと表現する。各コミュニティにリーダーがいるのではなく、まとめ役がいて、みんなの意見に耳を傾ける。長い話も四方八方からの話も、飽きずに聞く。そして、「みんながそう言うなら、そっちへ行くか」という感じで判断する。

こうしてみんながいつも安心して話ができる場所が生まれる。これは、リアルの場所だけではなく、ディップの社員たちが利用しているＬＩＮＥなどのデジタルの世界でも同じことが起きている。社員たちのつぶやきや投稿に、温かい言葉を投げ返す。

「今日受注とりました！」

「やったね。おめでとう。おまえの頑張りだよ！」

そんな対話が繰り広げられる。

必ず聞き届けてもらえる、反応してもらえる安心感が、社員たちが躊躇なく発言し、行動する自発性を育む。

オフィス空間が文化をつくる

オープンイノベーションとも呼ばれる部署や分野を超えて、知恵を集める経営をするには、オフィスの在り方も根本から変えなくてはいけない。昔のような事務机が工場のラインのように並んでいるオフィスでは、部署を超えた会話や柔軟なプロジェクトチームの発足はほど遠い。

ディップでは、2017年3月にオフィスを新たにした。コンセプトは「日本一コミュニケーションが取りやすいオフィス」とした。社員間のつながりを大切にしてきたディップでも、社員数が増え、特に成果を共有する機会の少ない本社でのセクショナリズムやコミュニケーションの希薄化が気になり始めていた。それを言葉でいくら呼びかけて改善しようとしても、なかなか効果が上がるものではない。物理的環境を変えてしまうことが早道だ。

最近のシェアオフィスやグーグルなどの米国西海岸のイノベーティブな企業のオフィスは、自然なコミュニケーションが起きるようなしつらえになっている。ある意味、建物内にある公園のような様相だ。

コミュニケーションの取りやすさが、生産性を上げていく上で重要だと考え、会議室や応接スペースに加え、「ちょっといい？」と声をかけてすぐさまミーティングができるスペースを、オフィスのいたるところにつくった。

ゴミ箱の設置場所を工夫して、立ったまま簡単な議論ができるスペースにし

①ブレストBOX　オープンな空間が自由な発想を生み出す
②マッチ箱　偶然が生み出す新たなコミュニケーション
③オープンテーブル　誰もが立ち寄れ自由に使える空間
④こもルーム　創造的な発想は集中から生まれる
⑤ピッチスクエア　短時間のカジュアルなプレゼンが革新的なプランを創り出す
⑥トークスタンド　スタンディングスタイルは集中力と効率を高める

たり、ブレストＢＯＸと呼ばれるファミレスのボックス席のようなスペースもつくった。プレゼンテーションができるピッチスクエアもオープンスペースにあり、通りがかりの人が立ち止まってプレゼンに聞き入ることもできる。

これまでの常識ならば、オフィスの目立たない場所にあったコートを掛けるクロークコーナーも、オフィスの真ん中につくり、多くの人と交流できるように工夫されている。

一方、一人で集中して仕事をしたい人のためには、こもルームという集中ブースも用意した。

環境は、そこで過ごす人々の意識や習慣を知らず知らずのうちに形づくっていく。今こそ、自社のオフィスは、自社の目指す文化を体現できるものになっているか、考えてみる必要がある。

未来に向けて心が一つになる社員総会

ディップの話をする上で欠かせないのが、社員総会[注]だ。年度の初めに、全社員が集まり、昨年度の振り返りと、新年度の戦略を共有する重要なイベントだ。2015年度までは、静岡県熱海市で一泊二日で行われていたが、社員が増え、会場に入り切れなくなったため、2016年度からは、首都圏の会場で1日限りの開催となった。

泊まりではなくなったため、以前に行われていた社員同士のワークショップは開催されなくなったが、役員からの昨年度の振り返りと今期の戦略の発表、活躍した社員の表彰、無礼講の懇親会などは、欠かせないものとして継続されている。

注「社員総会」
161ページに社員総会の関連写真あり。

社員総会の醍醐味は、全員が集まり、一体感を確認することだ。ディップは、できる人だけではなく、みんなで成長していくという文化を大切にしている。この社員総会は、その成長をみんなで確認するものでもある。会社がどれほど成長したかを確認し、その成長に応じて、社員全員に支払われるボーナスの予定総額が、発表される。毎年、この数字が発表されると、社員たちからどよめきが起きる。

また、成長を実感するだけではなく、次に目指すべき成長のための目標が発表される。2017年度の社員総会では、10年後、20年後の利益や時価総額の数値が発表された。大胆な数字に、不安を感じた社員もいたかもしれない。しかし、冨田は、過去に自分たちが実現してきた給与の増額の歴史を語った。2013年3月に給与を100万円上げると宣言し、2015年には、134万円上昇した。さらに2015年3月の社員総会では、今後5年で、給与を100万円アップすると約束し、2017年3月時点で、すでに76万円アップした。この調子でいけば、10年後、20年後の目標にたどり着くことができると、冨田は、社員が給与という自分ごとと重ね合わせて会社の目標を見ることができるように語る。

こうして、給与増額の歴史とともに、利益と時価総額目標を聞いた社員の頭の中には、10年後、20年後の目標数値に向かって、自分たちは何をしていくべきかが、自然と課題として刻み込まれる。総会後の社員同士の会話のなかでも、10年後、20年後の目標に向かって、会社はどのように変わるのか、変わるべきなのかが語り合われていた。

冨田は、未来を語るのがうまい。しかし、それは話術ではなく、本当に冨田が信じている未来だから、社員に伝わるのだ。そして、創業以来、冨田が語ることはすべて実現してきている。それを見てきた社員たちは、表面意識では、冨田が語る大胆な未来に疑問を感じることがあっても、心の底にある冨田への信頼が、未来を既定のものとして受け入れていく。こうして、社員一人ひとりにとって既定のものとなった未来は、実現する。だからこそ、ディップには、心を一つにできる仲間と文化が必要なのだ。社員の数が増えても、心を一つにすることができるか、それがディップの未来を占う。

役員が徹底して社員を慰労する懇親会

さて、この社員総会。誕生のきっかけはなんであったのか。

かつて、ディップの役職員全員が集まって、階層別研修が熱海で行われていた時代がある。当日は、夜はパフォーマンス大会をしたり、役員も一緒に夜を徹して語り合ったりして盛り上がった。これを発展させたのが社員総会だ。

そのため、パフォーマンス大会や役員との交流は、社員総会の原点であり、欠かせない要素である。懇親会の醍醐味は、社長以下役員が徹底して社員たちを慰労することだ。頑張って成果を挙げた社員への表彰や永年勤続表彰などのほか、社員たちを楽しませるために、経営トップ自らがパフォーマンスをする。ディップのCMソングに合わせて、役員や事業部長が踊るビデオを流したり、

2017年度は、ディップのCMに登場したピコ太郎とともに、PPAPを披露した。

1600名を超える社員数を誇る会社では、社長や役員と直接会うことや話をする機会は少ない。遠くの存在になりがちな経営トップと一緒に盛り上がることで、一気に社員と役員の距離を縮めることができるのかもしれない。

こうして空気を和らげながら、経営陣がハッピを羽織り、背中にビールサーバーを背負い、社員みんなにビールを注ぎにフロアを回る。社員たちは、次々にグラスを差し出し、ビールを注いでもらう。日頃から社員に熱く語り続けている人事担当役員が、ビールを注いでは、みんなと乾杯している姿が印象的だった。

冨田がかつてビジョンを実現するために一人で奮闘した頃とは違って、今は、大勢の仲間たちとともにビジョンを実現することができる。冨田のその嘘偽りのない感謝の気持ちが、懇親会を通じて、多くの社員たちに伝わっていく。そして、社員たちもまた、自分たちの成長の機会を与えてくれた経営陣たちに感謝を示す。

それは新入社員たちによる感謝の言葉とともに歌われる合唱であったり、永年勤続表彰者による感謝を込めた掛け声だったりする。懇親会は、互いに感謝のエールを交換し、ディップの文化の浸透を体感しながら確認する貴重な機会になっている。

参考：最速成長のための人事評価制度

ここで、参考として、最速成長のためのディップの人事制度を紹介しておきたい。

ディップには、最速で成長し、一日も早くプロになるための「メジャープレイヤーズプラン」と呼ばれる人事制度がある。

人事制度策定時のビジョンワードは、「Ｇｏ　Ｍａｊｏｒ！」。その下に、以下の組織人事のビジョンが設定され、人事制度がつくられている。

Ｍａｊｏｒ　Ｐｌａｙｅｒが育ち、
Ｍａｊｏｒ　Ｓｅｒｖｉｃｅを創造し、
Ｍａｊｏｒ　Ｃｏｍｐａｎｙとなる
そのプロセスと結果において
社員満足度No.1を実現する

人事制度には３つの柱があり、制度の骨子も言語化されている。

「最速で一流のプロフェッショナルに育つ」
「勝ち続けるための競争力を磨く」
「仕事の充実とワークライフバランスのとれた働き方で人生を成功させる」

ディップでは、なぜ、その制度があるのか、何を目的としているのかを言語化し、その意義を明確にしている。これにより、制度だけが一人歩きすることもなければ、必要に応じた微調整も可能になる。何よりも、わかりやすく、理解しやすいため、社員たちが人事に不透明さを感じなくなる。「人材成長モデル」と呼ばれる人事等級の表現もわかりやすい。成長段階を「成長」「リーダーシップ」「変革」「経営」と４つの段階に分け、その間には、成長の節目として、「リーダーシップの川」「事業視点の川」「経営視点の川」という３つの川を位置付けている。この川を渡ることができれば、次の段階に進むことができる（図解１３９ページ）。

そして、それぞれの段階において、等級が設定されており、成長段階では、「見習い（Ｓ１）」「基本（Ｓ２）」「自律（Ｓ３）」など、等級にもわかりやすいコンセプトが明記されている。自分がその等級において何を身につけ、次の等級に向けて何を磨くべきかがイメージできる。

見習いレベルでは、基本的な業務を指示・指導を受けながら遂行し習得するＳ１となり、基本レベルでは、基本的な業務を主体的に遂行できるＳ２、そして、自律レベルでは、担当業務を判断・工夫を加えて自律的に遂行できるＳ３となる。

次に、顧客視点を持って、自ら課題を設定・解決して周囲を牽引できるリーダーシップレベル（S4）となり、リーダーへの道を歩み始める。

変革フェーズは、いよいよプロとしての位置付けとなり、プロフェッショナルレベル（P1～P3）と呼ばれる事業視点に基づき自らの課題を設定し、成果への責任を持ってやり切ることを求められる。そして、プロフェッショナル、組織変革レベルと呼ばれる部レベル以上の組織に影響を与える変革を主導するプロフェッショナルマネジャー（PM）、または専門性を持ったプロとしてのプロフェッショナルエキスパート、そして、事業変革レベルとして、部門を横断した範囲の組織や事業に影響を与える変革を主導するプロフェッショナルゼネラルマネジャー（PGM）またはプロフェッショナルシニアエキスパートとなる。

最後に、経営レベルとして事業・機能の経営を担うエグゼクティブマネジャー（EM）が位置付けられている。

新入社員は全員がS1の見習いレベルからスタートする。最速成長という上位概念のごとく、入社4～5年の昇格はかなりスピードが速い。入

■「人材成長モデル」と等級制度

【成長の節目】

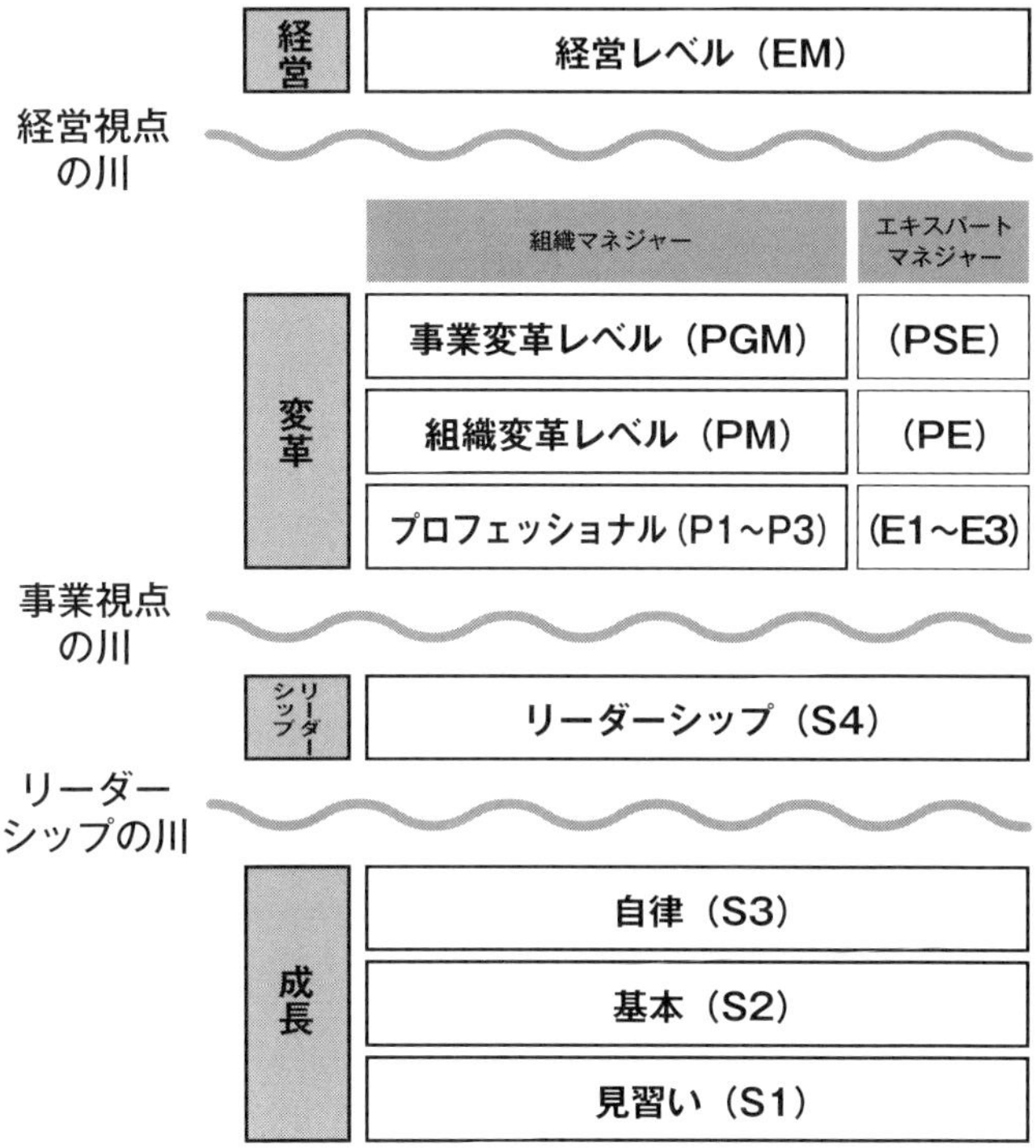

※組織マネジャー：組織、メンバーを持つ管理職

※エキスパートマネジャー：組織、メンバーを持たず特定の分野において知識・専門性を発揮し、会社に貢献する管理職

社して3年でリーダーまで駆け上がる社員もおり、プロフェッショナルはすぐ目の前となる。10年以上が経過した2006年に入社した新卒社員たちは、今はもうプロフェッショナルとして部長などの役職に就き、ディップのDNAを伝承する役割を担っている。

人事制度において、階級制度と同時に重要なのが、人事評価基準づくりだ。どのような軸で人事評価を行うかは、会社が人材育成をしていく上では、極めて重要である。「うちの会社はビジョンの共有を最も大切にしている」と言いながら、ビジョンの共有が人事評価項目に入っていない会社がある。ビジョンと現実の仕事のギャップを目の当たりにした社員は、多くの場合、評価に直結する業績に軸足が傾いてしまう。ビジョンの共有を大切にするならば、それを人事評価軸に入れなければならない。残念ながら人間は、どんなにトップからビジョンの共有を指示されても、人事評価軸にそれが入っていなければ、ビジョンによほどの共感をしていない限り、それを軽んじてしまうだけでなく、経営に対する不信を抱く。

ディップは、その点は一貫している。最速成長をするための評価基準

■評価体系（一般職）

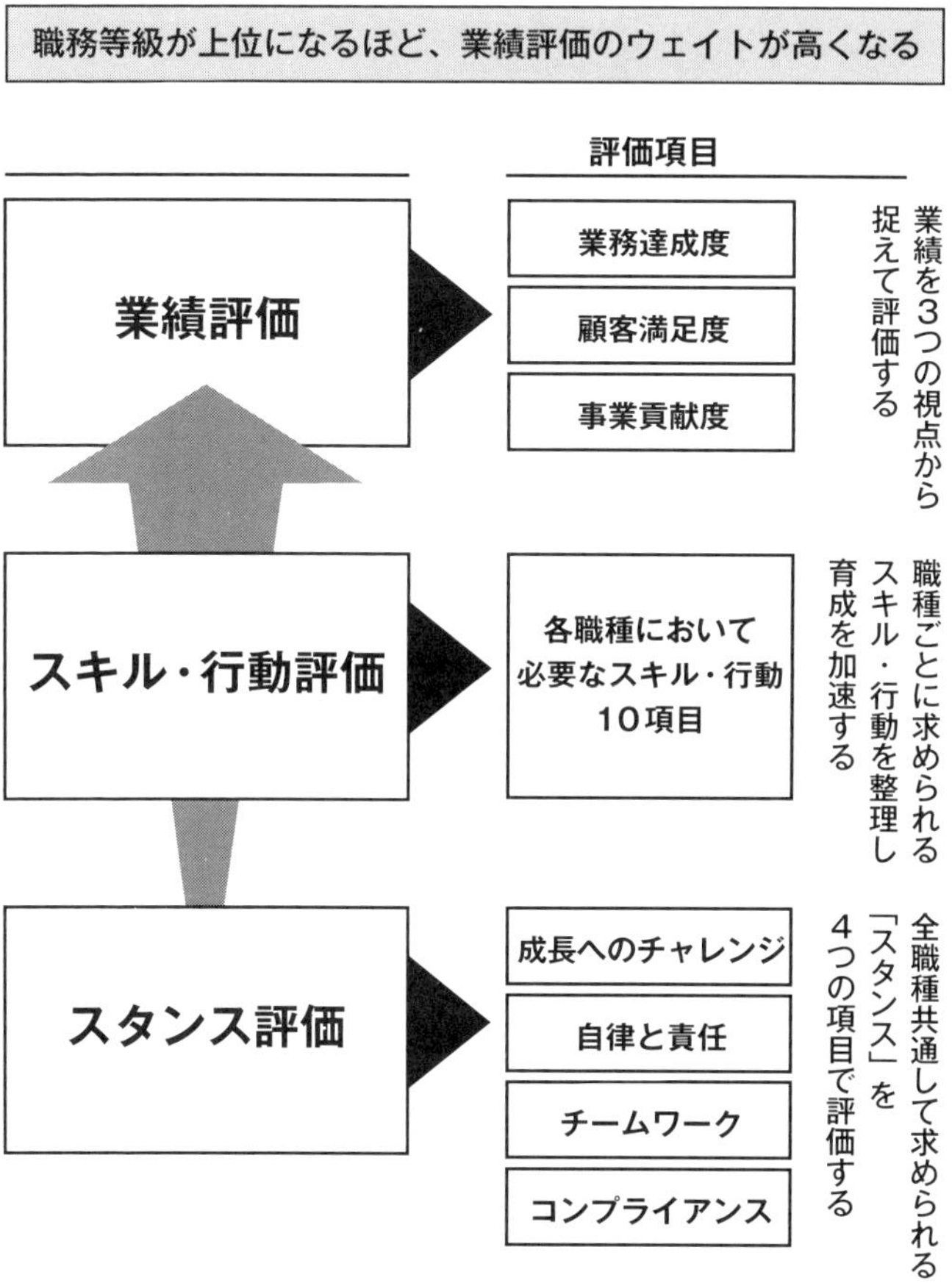
職務等級が上位になるほど、業績評価のウェイトが高くなる
評価項目
業績評価
業務達成度
顧客満足度
事業貢献度
業績を3つの視点から捉えて評価する
スキル・行動評価
各職種において必要なスキル・行動10項目
職種ごとに求められるスキル・行動を整理し育成を加速する
スタンス評価
成長へのチャレンジ
自律と責任
チームワーク
コンプライアンス
全職種共通して求められる「スタンス」を4つの項目で評価する

（141ページ）は、スタンス、スキル・行動、業績の3つの要素であり、成長段階の若手社員たちの評価基準には、ディップ文化のホームポジションともいえるスタンス評価の割合が大きい。見習いレベルでは、スタンスが30%、スキル・行動が30%、業績が40%となり、基本レベルでは、スタンスが20%、スキル・行動が30%、業績が50%、自律レベルでは、スタンスが10%、スキル・行動が30%、業績が60%と徐々にスタンスの割合が低くなる。スタンスがきちんと身につくと、自然と業績もついてくる。それが評価割合にも反映している。

管理職であるプロフェッショナルになると、スタンスは評価軸から消える。その理由は、スタンスができていなければプロとしては認められず、管理職にはなれないからだ。

こうして、ディップでは、基礎となるスタンスを、人事評価体系を軸にしっかりと落とし込み、最速成長を実現可能なものにしている。

第6章

最速成長を「信じる力」

大組織に必要な「伝説」

社員たちが成長に集中できる環境をつくるために、冨田は、細かなことにまで気を配り、文化をつくり続けてきたが、最も重要なことは、社員たちが、自分たちの成長を信じることができるかどうかだ。信じる力、つまり、信念こそが成長するための最後の鍵となる。

しかし、信念は言葉で学んで身につくことではないし、営業体験を繰り返してもなかなか身につくものではない。この信じる力を与えてくれる存在こそが、リーダーである経営者だ。

言い換えるならば、社員たちが、経営者を信じることができるかどうかということだ。社員たちが経営者を信じることができたなら、その経営者が語る会社の成長や社員一人ひとりの成長を信じることができる。

経営者を信じてもらうにはどうしたらいいか。これもまた簡単な答えはないが、ディップでは、経営者、冨田への信頼は、いくつかの伝説によって深まっているように見える。社歴の長い社員たちが、それらの伝説を語り継ぐことで、体験していない社員たちにも、冨田に対する尊敬と信頼が醸成され、冨田の言葉を重く受け止め、冨田の描く未来を信じる一助となっている。

伝説その1
リーマンショックとリストラ

社員から見て、冨田とは一体どんな人物に見えているのか。「社員を大切にしてくれる人」「愛情がある人」「未来が見える人」「すごい人」そんな声が聞こえてくる。若手社員からは、「親戚のおじさんみたいな人」「いつもすごくおいしい差し入れをくれる人」と言う声もあるが、ディップでの社歴が長い社員ほど、冨田にはかなわないと思っている。入社当初、いつか冨田を超えて、「社長になってやろう」と思っていたと言う新卒社員も、責任ある立場になった今は、冨田にはかなわないと、偉大さを感じるようになったと言う。

冨田の直感ともいえるリスク感覚と意思決定の大胆さに、尊敬と信頼の念を持つ者は多い。

ディップには、語り継がれている4つの伝説がある。なかでも、リーマンショックとヤフーとの提携終了の判断は、当時の社員たちの心を大きく揺さぶった。

2008年に起きたリーマンショックは、ディップにも大きな打撃を与えた。米国の住宅ローンの破綻から大手投資銀行のリーマン・ブラザーズが破綻に追い込まれ、アメリカ発の世界金融危機が、経済を急激に悪化させた。日本企業も軒並み採用を凍結し、人材マーケットは3分の1ほどに縮小してしまった。人材関係の同業他社は、利益確保のために一気にリストラに着手した。ディップ社内でも、リストラをするか否かの議論が始まった。しかし、冨田は一人も解雇しないと宣言した。役員会では、そんな冨田に対して異論が出て紛糾した。それでも冨田の考えは変わらなかった。

リストラを断行しなかった理由を冨田は次のように説明する。

「僕の仕事で一番重要なのは、会社をつぶさないこと。その最終手段としてリストラというのはあるとは思うんですよ。だけど、リーマンショックは、そこまでの危機ではなかった。それなのに、周りの企業がリストラをするというのは意味がわからなかったですね。リーマンショックは、仕事の成功率が減るだけであって、営業先はいくらでもある。仕事が減るということではないですから」

冨田は、周りに流されることなく、冷静に、長期視点で市場を見ていた。結果、一人もリストラせず、役員を中心に給与を減額することで対応した。

その決断に、自分たちにもリストラの波が襲ってくるのではないかと不安を感じていたディップの社員たちは、安堵と同時に、自分たちを守ってくれた会社のために、頑張らなくてはと奮起する者も少なくなかった。

このピンチは、２００６年度から２００９年度にかけて大量採用された新入社員たちの心に強く焼き付いている。冨田が持つ社員への愛情の深さを痛感する機会となった。

伝説その2
ヤフーとの提携解消

もう一つの伝説がヤフーとの提携解消だ。リーマンショックから遡ること5年。2003年12月の出来事だ。マザーズ上場の3日前、突如ヤフーから提携解消を告げる電話があった。さすがの冨田もこのときばかりは、頭が真っ白になったという。ヤフーといえば、誰もが知っているポータルサイトだ。アクセス数が多いヤフー上で求人情報を展開していることは、ディップの大きな魅力の一つだった。もし、このヤフーとの提携がなくなってしまうとなると、好調だったディップの業績が今後未知数になると考える投資家もいる。冨田は、上場の延期を決断せざるを得なかった。

皆が落胆するこのとき、株式公開の日に祝賀会のために用意していた船上パーティを、冨田は決行することを決めた。

「株式公開記念パーティ」改め「ヤフー卒業記念パーティ」だ。誰もが唖然とした。冨田はそこで、「ヤフーとの提携がなくなっても問題がない」ことと、「実は、そのための準備はしてあった」と皆に伝えた。それを聞いた社員たちの士気は、一気に上がった。「ヤフーがなくなった今こそ、自分たちの実力の見せどころだ！」と、パーティは盛り上がり、全員でベイブリッジに向かい、再チャレンジを誓った。

その後、5カ月足らずでディップは株式上場を実現した。この上場によって得た資金こそが、大量の新入社員採用へとつながり、ディップが大企業への道を歩むスタートとなった。

リーダーの資質の一つに、周りの誰もがもう終わりだと思ったときに、「まだ道はある」と信念を持って語ることができるかどうかだと言われるが、ファウンダーズ スピリットにある「ピンチはチャンス」は、まさにその資質を表す言葉であり、このときの冨田の英断のエピソードが、冨田を信じてついていく社員たちの心の支えになっている。

ピンチの準備は、別の危機感から

冨田は、なぜ、ヤフーとの提携解消の準備をしていたのか。ヤフーとの提携は、ディップの営業を一気に拡大する踏切板とはなったが、営業現場にヤフー依存症が起き始めていた。営業担当たちは、いつの間にか、「ヤフーに御社の求人情報が載ります」「ヤフーで求人を掲載しているディップです」とセールストークをするようになっていた。「これでは、ディップではなく、ヤフーではないか」。冨田は危機感を募らせた。ディップとして誇りを持って仕事をしてほしい。そのためには、ディップ独自のブランディングが必要だと、その準備に着手した。

それが、大胆なメディア戦略の始まりだ。２００３年６月、株式公開半年前に、女優の広末涼子さんをイメージキャラクターとした「ディップブランド戦略発表会」を開いた。ネット広告から、新聞、雑誌、交通広告までさまざまなメディアをミックスして、広末さんの知名度を借りながら、ディップの知名度を上げる戦略を展開した。そしてこの勢いとともに上場し、資金調達と新卒社員の大量採用を実現し、それまでに築き上げてきたビジネス基盤を、自社のブランドで一気に拡大する構想を描いていたのだ。

いずれは、ヤフーのブランドがなくても成長できると考えていた冨田にとって、ヤフーとの提携解消は、予定よりも早かったとはいえ、想定内だったというわけだ。

伝説その3
動画事件

ディップには、動画事件と呼ばれる出来事がある。これを公に語ることを良しとしないメンバーもいるようだが、陰では語り継がれているものでもある。

２０１０年８月から「バイトル」の求人広告に、バイト先を動画で紹介するサービスを始めることが決まった。これは、ユーザーのためにできることを最大限行うという冨田の発案だった。この動きについて、同業他社は、冷ややかだった。追加の費用も取らずに、動画を付けるなんて、全く現実的ではないというのが大半の意見だった。しかし、冨田には、必ずユーザーのためになるという信念があった。

そして、このサービスをディップのキラーコンテンツと位置付け、その開始を大々的に宣伝するために、テレビCMを流すことになった。いざCM放映という段階になって、サイトを確認すると、まだ大半の情報に動画が掲載されていなかった。営業担当者が営業と動画作成の両方を担うことには、若干の無理があったのかもしれない。

動画がほとんど掲載されていないことに気づいた冨田は、全社に向けて動画情報を揃えるようにと大号令をかけた。営業担当者だけではなく、バックオフィス部門やスタッフ部門の各社員、経営管理本部長や総務部長までも、全員総出で北から南まで全国各地に動画撮影に走り回ることになった。当時の求人情報は2万件。なんと、約1カ月間で、その8割の求人情報の動画を掲載することができた。

この動画掲載は、ディップの求人情報の強い魅力となった。当時走り回った社員たちも報われた。もともと冨田の判断に対して信頼を持っていた社員たちも改めて、この動画事件を通じて冨田の判断の確かさを痛感することになった。

その後も、冨田の画期的なアイデアは続いている。求人情報に対する応募の進捗を表す「応募バロメーター」という機能も、業界では、ほぼタブーといえる情報だ。求人を出す企業からも、自社の案件にどの程度の応募があるかは社外秘情報なのに、公表されては困るという声もあった。しかし、冨田は譲らなかった。

これも結果として、企業の評判を見たいユーザーにとっては有益な情報となった。求人情報の場合、掲示板などをつくると誹謗中傷などで荒れる傾向にあるが、応募バロメーターは、そうした掲示板荒らしを受けることなく、企業の評価を知ることができる画期的なアイデアとして高い評価を得ている。

伝説その4
上場前の株式譲渡

社員の多くが、「社長は人を大切にしてくれる」と言う。それは日頃の冨田の言動や社員待遇を通じて感じていることだが、限られた社員しか知らない、冨田が人を大切にする姿勢を貫く伝説もある。

それは、上場前に冨田が行ったストックオプションの譲渡だ。冨田は、ディップを一人で立ち上げた2年後、3人の仲間とともに、愛知県から東京に出た。しかし、新天地である東京で、すぐに3人に給与を払うことはできないため、アパートに3人一緒に暮らしてもらい、営業に走り回ってもらった。しかし、それぞれが、愛知県に家族を置いてきているなどの事情があり、上場を見ることなく、ディップを去って行った。

冨田はそんな創業時の仲間に対する感謝をずっと忘れずにおり、ディップの上場が決まったとき、かつて一緒に走り回ってくれた仲間と、経理を担当してくれたスタッフの行方を探し、ストックオプションの提供を申し出た。当時の役員会では、部外者にストックオプションを提供することを反対する意見も多かったが、冨田は反対を押し切った。

そんな創業メンバーの一人が、今、再びディップの仲間として働いている。彼は、ストックオプションを受け取った後、冨田から3度も復帰の声がけをもらっている。しかし、2度もそのオファーを断った。離れてからどんどんと成長し、大きくなってしまったディップと距離を感じ、復帰する自信がなかったそうだが、3度目の声がけの際に、冨田の心の広さに感銘を受け、復帰した。実は、3度目のオファーのときは、仕事で精神的に辛い状況にいることを冨田がどこからか聞きつけて連絡をしてきてくれたのだそうだ。

縁のあった人をどこまでも大切にし、感謝の気持ちを忘れない冨田の徹底ぶりを感じさせるエピソードだ。

成功の秘訣は、「ビジョン」

「この20年にわたる成長の原動力は何か」と冨田に聞いてみた。

答えは、「ビジョン」。

ヤフーとの提携解消もある意味、冨田の頭の中にはビジョンとして事前に存在していたことはすでに紹介した通りだ。このヤフー事件を除けば、冨田は、常にビジョンを明確な言葉にして、社員たちに伝えてきた。

2017年の社員総会の冨田の挨拶は、こんな言葉から始まった。

「20年前にたった一人でこの会社をつくったときに、20年後に会社が存続し、このような多くの人たちと一緒に20周年を迎えられることを、僕ははっきりイメージしていました。20年前から多くの仲間と20周年を迎えるぞと明確にイメージしていました。ビジョンを持って一歩一歩着実に、実現してきた結果が今日のこの日であると感じています」

18年前、冨田と一緒に東京に出てきた前述のメンバーは、初めて冨田に会ったときのことをこんなふうに話してくれた。「社長の自信というのでしょうか、社長が将来をイメージしながら、夢を語るものですから、それはやはり風景が伝わるんですよね。それで、洗脳ではないけれども、本当にいけるんじゃないかなというふうに思いました」。

しかし、クライアントからの入金があるまで、数カ月間は無給だった。それでも、冨田は「これから立ち上げるサービスが、いかにすごいものか、そしていかに世の中に貢献できるものか」という夢しか語らなかった。そして、1年も経たないうちに、冨田のイメージが少しずつ、現実のものへと変化していった。

冨田は、節目ごとにビジョンを提示する。2017年の社員総会では、新たなビジョンを提示した。

10年後の営業利益は5000億円、時価総額5000億円。
20年後の営業利益は1000億円、時価総額1兆円。

2017年時点での営業利益は、約91億円だ。現在の業績と比べても、とてつもなく大きな飛躍となる数字だ。この数字を紹介した後、冨田は、この数字の実現は、現在の主力事業だけをどれほど頑張っても、届く数字ではないと言い切った。新たな軸足をつくり、目標とする数字を上げていくと語った。

社員たちは、その日から早速、500億円に向けての道筋を考え始めている。

社員総会は年に一度のディップにとって大事な行事だ。
チームや個人の活動成果を表彰し、全社員で新年度の目標を
共有する場であるとともに、社長を含む取締役がビールサーバーを背負い、
社員をもてなす懇親の場でもある。

ビジョンはいかにして降りてくるのか？

冨田にとってのビジョンとは、どれくらいのスピードで、どういった会社にしていきたいのかを考えることであり、10年後、20年後のディップを具体的に示すことだ。この成功の原動力であるビジョンを、冨田はいかにしてつくり出すのか。

２０１７年3月に発表した新たなビジョンについて、「いつものごとく降りてきた」と冨田は言う。冨田は自称、「妄想系」だ。常に妄想している。

いつも妄想できるのは、信頼できる経営幹部がいるからだ。ディップが今やるべきことは、経営幹部がしっかりと見つめ、ハンドリングしてくれている。だからこそ、冨田は集中して未来の妄想ができる。そして、冨田にとっての日々のすべての出会いが、妄想のための材料となる。

冨田と対話していると、昨日見たテレビの話や最近読んだ本の話などが出てくる。さまざまな情報に触れることが日課のようだ。それらの情報を取捨選択し、組み合わせながら妄想を膨らませ、ビジョンを描き続けている。それは、星座の星の配置のようなものかもしれない。直感的に見つけた星に印をつけていくと、不規則な点の集まりであるのに、それが形になって見えてくる。

こうした星を見つけ続ける努力を冨田が止めることがないのは、社員がいるからだ。起業当初は、確かに冨田一人の夢であり、ビジョンだったが、今は、1600名を超える社員の夢であり、ビジョンになった。その仲間たちの人生を預かるリーダーとして、ディップが常に成長し続ける絵を描き続ける責任がある。ビジョンを描き、共有し、それを達成する頃には、次のビジョンを提示する。それはリーダーとしての責任であると同時に、冨田が社員への感謝と愛情を持っている証しでもある。せっかく縁を得た仲間たちに、いつまでもこのディップに入ってよかったと思ってもらうためにも、成長のためのビジョンを描き続ける責任がある。

第7章

最速成長を実現に導く「経営メンバー」

カリスマを支える二人の経営者

昔からたった一人のカリスマだけでは、社会的に意義ある会社をつくり上げることはできないといわれている。本田技研工業の本田宗一郎と藤沢武夫、ソニーの井深大と盛田昭夫など、日本の経営史には、カリスマとそのパートナーの二人三脚の伝説がある。

変化の激しい今は、こうした二人三脚の時代から、ムカデ競争の時代へと変化しつつある。会社としてアンテナを広く張り、幅広い情報を基に意思決定のスピードを上げていくためには、新たな形の経営チームが必要である。高度経済成長期とは異なり、ビジョンを掲げ、中長期的な方向性を指し示すCEO（最高経営責任者）を核に、現場を取り仕切るCOO（最高執行責任者）、財務を取り仕切るCFO（最高財務責任者）など、経営判断に必要な分野を取り仕切るCXO[注]を選定し、CXO全員によるチーム経営が求められる。CXOは、各分野に精通し、その分野の執行責任者としてだけではなく、経営者として全社的な視点を持つ人材であることが求められる。

CEOは、CXOから提示される幅広い情報に基づき、リスクを測り、取るべきリスク量とそのタイミングを判断することが、大きな仕事となる。

ディップがベンチャーから大企業へと成長する過程では、数多くのCXOを置くことはなかったが、冨田を支えるCOOとCHO（最高人事責任者）の存在がなければ、ディップだけではなく冨田自身も、最速成長は実現しなかっただろう。

冨田は、なぜビジョナリーでいられるのかという質問に対して、次のように答えている。

「いつも妄想できるのは、信頼できる幹部がいるからだ。自分が今もし死んでも、COOの岩田やCHOの大友がやってくれる。ディップが今やるべきこ

注「CXO（CxO）」
企業活動の各分野の最高責任者。「X」に入る頭文字によって分野が表される。
CEO（Chief Executive Officer／最高経営責任者）、COO（Chief Operating Officer／最高執行責任者）、CFO（Chief Financial Officer／最高財務責任者）、CHO（Chief Human Officer／最高人事責任者）等。

とを二人がしっかりと見つめ、ハンドリングしている。だからこそ、自分は未来に向かって妄想ができる」

岩田と大友の存在は、冨田がCEOとして中長期的なビジョンを策定し、取るべき大胆なリスクを判断するために、不可欠なパートナーだ。

2017年の社員総会では、創立20周年を記念して、冨田は「社長特別賞」を贈ることにした。受賞者は、岩田と大友、そして、11年間にわたりプロモーションを担当してくれた広告宣伝会社の社長の3名だった。

冨田は、岩田に、次のような言葉を贈った。売り上げを背負って15年間（本当は17年間）、走ってきてくれたこと、2004年、2005年と大量に管理職を採用したがうまく機能しなくて、冨田が人間不信になりかけていたときに、「私は絶対辞めません」と言ってくれたこと、岩田の人望のおかげでディップが成長できた、岩田はまるで家庭を守る母のような存在だと感謝を伝えた。

大友には、ディップの基礎となる、人事制度や組織をつくってくれた恩人であり、大友ほど、あらゆることに精通した有能なビジネスマンを見たことがない、ディップ史上最大の幸運は大友さんの入社だと言葉を贈った。その言葉に大友は号泣した。

冨田は、二人を見つめながら、自分には足りないことがあり、それを補ってくれた二人、辛いことも苦しいこともたくさんあり、くじけそうになったが、そのときも岩田と大友がいたから乗り越えてこられたと語った。

現在のディップしか知らない人間から見れば、冨田はカリスマ経営者かもしれない。しかし、それはこの20年の歩みの中で、冨田が身につけてきた力であり、岩田と大友という二人の仲間が、時に支え、時に気づきを与えてくれたから、冨田は経営者としてさらなる高みを目指して成長することができた。冨田はそのことを認め、社員全員の前で、二人に感謝をすることができる大きな器の人間だ。

岩田と大友は、冨田を支えると同時に、社員たちを支えるという重要な役割を担う。大友が、入社間もない社員たちの基本姿勢となるスタンスの定着に尽力し、岩田はその基本を学んだ営業担当社員たちが幹部となっていけるよう、営業活動を通じて、創業者の哲学を体得するための心得を伝え続けている。大友による基本教育がなければ、おそらく岩田が伝える営業の心得を社員たちが体得するのは難しいだろうし、大友の基本教育だけでは、営業現場での数字との闘いや理不尽な出来事のなかで、営業担当者は、道を踏み外してしまうかもしれない。二人は、不可分の存在だ。

ディップの営業思想の伝道師

岩田和久は、営業全体を統括する役員で、数字に責任を持つ。ディップへの入社は2000年。ディップの創業メンバーといっても過言ではない。冨田のそばで、ディップの成長を支えてきた立役者の一人だ。

岩田は、ディップの情熱的な営業スタイルとは異なり、静かな雰囲気を持つ。岩田自身も、「あまり人と闘わないタイプ」だと自分を評している。冨田も、「岩田の部下から岩田の悪口を聞いたことがない」と言う。

ディップの成長とともに、岩田自身も変化した。新卒社員がほとんどおらず、中途採用メンバーだけで営業をしていた時代は、岩田もよく怒鳴っていたそうだ。しかし、それは、部下たちが仕事ができないからではなく、嘘をついたり、報告をしないなど、モラルに反する行動をした者に対しての厳しさだった。

こうした時代を経て、岩田が達したのは、怒鳴っても仕方がないという境地だ。経営者として大切にするべきは、社員が長く働いてくれることであり、成長してくれることだと考えるようになった。

こうした考えは、岩田の考えであると同時に、冨田の考えでもある。冨田が直接営業にかかわっていた時代から一緒に走ってきた岩田にとって、冨田の思想が、現在、営業を統括する岩田のマネジメント姿勢の原点になっている。

冨田は決して、「気合で売ってこい」とは言わなかった。悪いものを気合で販売し、あとでお客様からクレームを受けてしまっては、リピートはない。いかに長くディップのサービスを使ってもらうか、いかにお客様と長い付き合いをするかが冨田の思想だ。お客様にとって価値あるサービスを提供し、対価として価値に見合ったお支払いをしていただくことを徹底する冨田の思想は、社員に対しても、お客様に対してもブレがない。

２０１７年の社員総会では、岩田からも新たな賞を出した。名前は、「岩田賞」。いつも頑張っているが賞には至らなかった人たちのなかで、５年間頑張り続けていた人に報いる賞だ。一番になれなくても、頑張り続けていることを評価する。そこには同じ人材関係事業で切磋琢磨しているディップとリクルートの決定的な違いがある。成果を挙げる人をどんどん引き上げる仕組みで伸びてきたリクルートに対して、ディップは全員で伸びていくことを大切にしている。そのことを岩田は賞を通じて伝えたかったのかもしれない。

社内の空気を感じ取り、メールで考え方を伝え続ける

岩田は、お客様との長いお付き合いにおいて、一番ダメージになるのは、人が入れ替わることだと言う。新入社員の退職希望者が、さらに1年頑張って働こうと思ってくれるためには何をしたらいいかを、自分に問い続けている。あと1カ月でも半年でも長く働いてみようと踏みとどまり、その間にやりがいを覚えたり、家族ができて稼ごうという気持ちになったり、「もうちょっと頑張ってみよう」「もう少し頑張れるんじゃないか」と思ってもらうために、何をすべきかを考え続けている。

会社のナンバー2にもなると、社員たちと昔のように飲み会に参加する機会は多くない。しかも、今は組織が出来上がっており、営業部門には、執行役員、

事業部長、部長、課長とメンバーが揃っている。岩田が会議に出たり、現場で指導をする機会や、直接触れ合う機会も極めて少なくなった。しかし、表彰を受けた社員との飲み会や営業所の達成会などには、時間の許す限り出かけていき、お祝いをするし、もちろん飲み、歌う。

日々の数字を眺め、現場との限られた接点を通じて、岩田は会社の空気感をつかみ取り、毎週末、営業担当者全員に向けてメールを送る。そのメールには、今週の目標や数値は書かれていない。岩田が毎週書き続けるのは、考え方だ。

例えば、２０１７年４月のメールでは、社内の士気の低下を感じた岩田からのメッセージが記されている。３月といえばイベントなどがあり、例年ならば士気が上がる時期なのに、毎週の売り上げ数字を見ていると必ずしも堅調ではない。その理由は何か、そのギャップは何かと考えながら岩田はメールを書いた（左ページ囲み参照）。

2017年[redacted]月[redacted]日
広告費

次の10年、20年の第一歩である今期の初月、おつかれさまでした。

HR事業部と関東事業部が見事初陣を飾ってくれました。
おめでとう。

一方本部としては受注目標に対し[redacted]%と力及ばず、、、、。
マイナス[redacted]%、ちょうど稼働日一日分でしょうか？
総会で一日潰れたから？
違うよね。
総会で集い高めた熱は、この一年、この先々の糧に必ずなると信じています。

社長からあった広告費[redacted]億。
みんな勇気を貰ったと思います。
広告投資は皆で超えようとしている目標を達成するためのもの。
仮に目標に届かないのであれば、その分削減しなければなりません。
逆に目標を超えていくのであれば、超えた分の何割かは更に
広告費を追加したり、決算賞与となったりします。

天と地との差ですね。
片や、売れない＞広告削減＞更に売れないの悪循環
片や、売れる＞更に投資＞更に売れる＞かつ稼げるの好循環、
この好循環を創るのもみんな一人ひとり、
好循環を創り、未来を勝ち取りましょう。

総会ではファウンダーズ スピリットを考える機会になったと思います。
このマイナス[redacted]%に馴れっこになっていたり、我が事として
捉えられてなかったら危険です。
ピンチをチャンスに変えるのもピンチだと気付くからだし、
期待を超えるのも期待の大きさを認識することがあってこそだから。

いよいよ新体制のスタート。
多くの新人も入社してきます。
ここを機にまた快進撃を開始しよう。

2017年[redacted]月[redacted]日
引き継ぎ

この時期のあるあるとして「引き継ぎが多くて、、、」というのがあります。

引き継ぎはピンチなのか？

そもそも業績を落としたいがために引き継ぎをするわけではないから
俺からしたらチャンスだけど、、、、
要はピンチとなるのもチャンスとなるのも営業マン次第。

前任がイケてない、短期的な提案しかしてない、
バイトル押し一辺倒、原稿がありきたり、
でシェアが低い
これ大チャンスですね。

担当者にお会いする、
これも上に会っていける千載一遇のチャンスです。

競合贔屓の、紙贔屓の先方の担当者も変わった、
願ってもないチャンスですね。

前任がイケてて担当ともバッチリ、シェアも高い、
何でそこまで取れるのか、何をやってるのかを知り（盗み？）、
他に活かす、これもまたチャンスでしょう。

同様に
「顧客移管があったから」
「上司が変わったから」「エリアが、事業部が変わったから」
「計上ルールが変わったから」
これも全て前に進むために決めたことです。
ピンチにするのもチャンスにするのも自分次第。

「幸運の女神には前髪しかない」
今年の新人研修でも話しましたが意外に知ってる人は少なそうでした。
http://mbp-tokyo.com/iwave/column/37437/

変化は最大のチャンスです。
一人ひとりがつかみとりましょう。

また、ディップでも取引先でも人事異動がある。そうすると、その異動を理由に営業ができないというメンバーが出てくる。それに対する考え方をメールに記した（右ページ囲み参照）。

岩田からのメールは、ファウンダーズ スピリットにのっとった仕事の心得だ。原点に立ち戻りながら、日々の仕事で成果を挙げるにはどうしたらいいかを、岩田はわかりやすく現場目線で、さまざまな事例を引用しながら繰り返し伝え続けている。

仕事を通じてスピリットを隅々に浸透させるナンバー2の仕事

岩田についてもう一つ有名な話がある。それは、岩田は必ずメールに返信をしてくれるというものだ。ディップには、マメにお礼メールを送る文化がある。社長からの差し入れがあれば、冨田に直接お礼のメールを送る。頂き物をしたらお礼をするのは当たり前。そういう文化だ。

お礼メールは、差し入れだけではなく、社員総会で幹部からのもてなしを受けたとか、ボーナスをもらったとか、社員たちが会社幹部にお礼メールを出す機会は多い。そのため、冨田や岩田をはじめ経営幹部が社員から受け取るメールの数は、相当数になる。

しかし、岩田はこうしたメールすべてに必ず返信をする。なぜ、そこまでマメに返信をするのか。岩田は明確な理由を語ることはなかったが、そこには岩田の社員を早く育てたいという思いが見え隠れする。

20年近く富田とともに走ってきた岩田は、今いる社員たちが、10年後、20年後にディップを支え、リードする存在にならねばならないことを、自分の経験からも痛感している。今の自分の役割は任せることであり、任せる姿を見せ、次の世代が岩田と同じ立場になったときのあるべき姿として伝えていかなければならない。ディップは、すでにベンチャー企業の時代を終え、大企業の時代へと入った。組織もピラミッド型になり、岩田の下に、何層もの役職ができている。岩田の役割は大きく二つある。一つは、富田に大きな決断と発信をすることに専念してもらう環境をつくること。もう一つは、管理職をはじめとした社員たちの成長を支えることだ。しかし、前述の通り、すでに、すべての社員を直接指導する立場にはない。具体的な指導は、現場の管理職が行っている。その現場の指導がより効果を発揮するように、そして、一人ひとりが自分の力で成長を実現できるように、個別メールへの返信を通じて、一人ひとりの社員の成長に寄与できたらという、岩田の願いにも似た思いがあるに違いない。

岩田は、時には、新規のアポを取るための電話のかけ方をアドバイスすることもある。それは、新入社員たちが、大学を卒業し、上場企業に期待して入社したのに、毎日、何十本も電話をかけなくてはいけない現実に、夢も希望もないと思って辞めたくなる社員も出てくることを懸念してのことだ。そんな思いに駆られた社員のために、効果的な電話のかけ方をアドバイスする。

飲食店やカフェには、ランチタイムに電話をかけても、お店の人は忙しくしているのだから、アポが取れるわけがない。朝のうちに電話をするほうがお店の人も話を聞く余裕があるかもしれない。また、電話でうまく話が伝わるように、事前にこんなふうにノートにまとめておいたほうがいいといった具合に、極めて具体的なアドバイスをすることもある。社員の成功体験を願う岩田の思いが垣間見える。

岩田は、すべての社員たちが、ディップで長く働き、仕事を通じて成長してくれることを願っている。それは現場の新入社員だけではなく、管理職も含めてだ。だからこそ、ファウンダーズ スピリットを冨田から直接受け取り、体に染み込ませている岩田にしかできないメッセージの配信を続けている。

ビジョンの浸透を担う二人のパートナー

ビジョナリー経営を目指す経営者から、時折こんな質問を受ける。「どうしたら社内の隅々にまで、ビジョンを浸透させることができるか」という問いだ。もちろんこれは簡単ではないし、一つの方法を講じればうまくいくというものでもない。ただ、どの手法においても共通することは、伝え続けることであり、できれば、腹落ちする具体例とともに伝え続けることだ。

そうなると、トップ一人ではやりきれない。現場の隅々を回って語り続けたり、日々、メールやブログで発信し続けることにも限界がある。その役割を一部肩代わりすべきなのが、経営幹部ということになる。しかし、経営幹部の誰もがこの肩代わりをできるわけではない。トップのビジョンや哲学に共感し、自分の思想にまで落とし込むことができている幹部にしかできない。そうでなければ、どれほど正確にビジョンや哲学を語っても社員の心に届くことはない。

その意味でも、岩田と大友の存在は大きい。岩田は、長く冨田とともに営業の現場を走り、冨田の思想を体得している。大友は、リクルート時代の経験を起点に、冨田と深く共感する思いを持っている。

社員を育成するという言葉があるが、実際には、育つ環境を与えることはできても、人を育てることはできない。人は自分の力でしか育たない。育つ環境や育つ心得を伝え続けることもまた経営チームの大切な役割であり、条件といえる。

リクルートを超える社員満足度No.１の会社をつくる

もう一人のパートナー、大友常世がディップに入社したのは、２００５年。リクルートからの転職組だ。大友は、リクルートがまだ売り上げ数百億円程度だった時代に入社し、１兆８０００億円を超える大企業へと成長する過程で、リクルートの中核事業の一つである派遣関連事業を担い、担当役員にまで上り詰めた実績を持つ。

大友は、岩田とは対照的に、とにかく熱い。大友の研修は、情熱がほとばしり、新入社員たちはその勢いに圧倒され、語られる言葉よりも、その思いを心で受け止める。

大友は、紙媒体ではできなかったことをいち早くネットで実現し、新たなサービスをつくり始めていたディップに、リクルート在籍中から可能性を感じていた。一方で、大企業となったリクルートには、かつて標榜していた「人を大切にする」という文化が影を潜め始めていることに、疑問を感じ始めていた。そんなときに出会ったのが、冨田だった。大友が冨田に向かって、「リクルートを超えるような社員満足度No.1の会社をつくりたい」と熱く語ったところ、冨田からも、「自分もそういう会社をつくりたい。ぜひ一緒にやりましょう」と、その場で大友の採用が決まった。たった一人で会社を立ち上げ、「リクルートを超える会社をつくる」という目標を掲げる冨田のスケールの大きさに、大友は、この人を支えたいと心底思った。

2005年10月にディップに初出社した大友の最初の仕事は、内定式での挨拶だった。二百数十名しか社員がいないディップに、いきなり200名の内定者が顔を揃えて待っていた。「社長、この人数、どうやって受け入れて育てるんですか?」と、その人数に面食らっている大友に対し、冨田は、「だから大友さんに来てもらったんだ。後はよろしく」と告げた。まさに冨田らしいエピソードだ。任せると決めたら、任せる。やると決めたらやる。

「これでは会社が壊れてしまう」。大友は、受け入れ体制、教育体制を整えるべく、半年間、寝食を忘れてその体制づくりに取り掛かった。以来、大友は、ディップの人的基盤、組織基盤をつくり続けている。

社員満足度No.1を支える「スタンス」

大友が考える社員満足度No.1とは、社員が知識、スキルを磨いて、生き生きと働き、その社員たちによる価値の提供が、売り上げ、利益、成長につながり、それが報酬だけではなく、教育、研修も含めて社員に還元され、さらに社員たちが頑張ろうと思えることであり、結果、お客様にも高い価値を提供して感謝され、社員たちの仕事のやりがいにつながっていく好循環をつくることだ。

一言で言えば、「人がすべて」だ。その人をいかにして育成していくか、社員の満足度をいかに高めていくかを、大友は常に考え続けている。そして、その満足度の究極は、仕事のやりがいであり、いかにお客様に喜んでいただき、満足していただけるかということだ。

そのために大友が新入社員教育で最も重視したのが、「スタンス」を身につけてもらうことだった。スタンスについては第3章で紹介したが、大友が、自身の経験を基に独自でつくり上げたものだ。ある意味、大友の生き様そのものであるが、冨田が求めたディップ独自の文化を築き上げるための基盤となった。

最速成長を支える経営チームはイエスマンではなく、使命感を持つメンバー

カリスマ経営者のもとでは、経営チームが往々にしてイエスマンになる傾向がある。しかし、岩田も大友も、イエスマンではない。冨田に対しての共感は人一倍あるが、冨田からの指示待ち族でも、イエスマンでもない。それぞれに冨田に対して、提言もするし、異論も言う。

それができるのは、二人それぞれが、強い使命感を持っているからだ。

静かな雰囲気を持つ岩田も、非正規雇用の市場について語るときは言葉に力がこもる。多くの人材関連事業者が、正社員をターゲットにした事業を展開している。それは企業が、正社員採用には高いコストをかけるからでもある。一方、ディップがターゲットにしている非正規雇用に対しては、企業も高いコストを

かけようとしないし、人材関連事業者も、非正規市場に対しては、自社の正社員を投入せずに、代理店や販売会社に業務委託する傾向にある。岩田は、その現状に異を唱える。仕事を見つけ、稼いで、生活をしたいと考えている人たちを、正社員と非正規で区別するべきではない。ディップは、非正規と呼ばれる人たちのためにも、大学を卒業した社員を投入し、非正規の人たちを雇用する事業者たちにも、幸せになれるような採用の機会をつくっていくべきだと語る。

ディップには、「私たちｄｉｐは夢とアイデアと情熱で社会を改善する存在となる」という企業理念がある。

「夢とアイデアと情熱」をかけて、非正規雇用というマーケットに真剣に向き合うことを誇りにしている。

大友もまた、人口が減少する日本で、今まで以上に一人ひとりの人間の大切さが求められ、ディップの仕事を通じて、非正規と呼ばれる人たちや非正規から正社員へチャレンジしている人たちに、多くの可能性を届けることで、ディップが社会を改善する存在になることにつながっていくと語る。

冨田への強い尊敬と共感を持ちながら、自分たちが背負う事業の社会的使命を強く認識している。だからこそ、冨田は、二人に自信を持ってディップの今を任せることができる。

おわりに

最速成長の先にあるもの

次の成長フェーズへの準備

企業の成功物語は、いつも過去のものだ。企業は常に変化し、成長する。本書で紹介したディップの軌跡も、２００６年からの10年間の歩みに焦点を当てたもので、過去の話だ。これからも同じことが続く保証はない。そして、今のディップは、過去の成功に満足するのではなく、次なる変化と成長へと、向かわなくてはならない。

ディップは、２０１７年の20周年を機に、次のフェーズを見据えて、その準備を始めている。

２００６年以来、新卒入社した社員の数も、すでに１１００名を超えている。そのメンバーが管理職へと成長すると同時に、その報酬額も成長させていく必要がある。一人当たりの報酬額を上げるには、それに応じた売り上げの増加が必要となる。一方で、毎年約３００名の新入社員の受け入れも続けている。大量の新入社員を最速成長させるノウハウは開発し続けてきた。しかし、その新入社員たちが活躍する場所は、今後も人材関連事業というわけにもいかない。新たな成長分野が必要となる。

そこでディップでは、新たな軸足となる事業分野を見いだすために、ベンチャー企業の発掘と投資、そして、人工知能の研究と活用を始めている。

無形のサービスから、有形のサービスへ新たな挑戦

ベンチャー企業の発掘では、株式会社ＴＢＭの石灰石を主原料とした新素材ＬＩＭＥＸ（ライメックス）を使った製品販売事業部署を立ち上げた。これまでディップが「バイトル」等で築き上げてきた営業先への新たなソリューションの提供であると同時に、営業ノウハウを生かした他業界への進出の第一歩で

もある。

これまで紙の求人情報と一線を画し、求人情報サービスをインターネットに置き換えて成長してきたディップの社員たちのなかには、新素材の「紙」という形のあるものに取り組むことに戸惑いを持つ者もいる。しかし、この新たな素材を扱うことは、冨田のこれまでの思想と同じ平面上にある。

水が貴重になる時代を目前に、ＬＩＭＥＸの紙代替製品は、約6～8割の石灰石と約2～4割の樹脂から製造できるため、普通紙の生産に必要としてきた木材パルプを一切使わず、水の使用量を約98％減らすことができる。さらに、半永久的にリサイクルができることから、ＬＩＭＥＸ製品を販売することは、仕事を通じて社会課題の解決に寄与することになる。また、これまでお付き合いしてきた事業者に対しても、ＬＩＭＥＸを使った名刺やメニューをつくるという新たなサービスを提供することで貢献できる。

２０１７年6月に開設された当該部署は、異動を志願したメンバーとＴＢＭ社からの出向者によって構成され、ディップに新風を吹かせつつある。

管理職も最速成長する企業へ

こうした新しい風は、今のディップに必要である。冨田が掲げる10年後に5000億円という時価総額は、人材事業を拡大していくだけでは実現できない。LIMEX事業部が人材事業と並ぶ軸足になることを目指しつつも、さらに幅広に、時代の変化を見据えた新たな挑戦をしていくことが必要である。もしかしたら、それを担うのは、既存のメンバーではなく、新たに参画するメンバーかもしれない。

企業文化の浸透がこの10年間のディップの原動力であった。社員全員が同じ方向を向き、企業を最速成長させてきたことは事実である。しかし、社員が同じ文化にどっぷりと浸ってしまうと、新たな挑戦をしているつもりでも、一定の発想の枠から抜け出せなくなってしまっているというジレンマに陥りやすい。

だからこそ、これからの新卒採用にも、今まで以上の[注]ダイバーシティが必要になってくるだろうし、中途採用も今までよりは積極的になる必要も出てくるだろう。そしてそれは、社内のチームマネジメント力の向上と、管理職たちの意識改革を求めることになる。

経営チームの責任はますます重くなるが、その重責を、今度は、かつて新卒で採用され管理職になったメンバーたちが担う時期に入ってきていることに、当事者たちは気づかなくてはならない。

２０１７年の社員総会では、今後、管理職に対する研修予算を増やすことが発表された。最速成長を遂げ、管理職になった社員たちが、新たな最速成長へと挑戦するときがやってきた。次は、「なぜ、あの会社の管理職は最速成長するのか」をテーマに筆を執れる日を楽しみに、ディップの今後を追いかけていきたい。

注「ダイバーシティ」
男性・女性、年齢、国籍を問わず人材の多様さ。

謝辞

最初に、ダイヤモンド社の大木由美子さんと中田雅久さんに、感謝します。一つの会社をじっくりと観察できる機会は、私にとって大きな学びの機会となりました。私の目から見たディップ観は、長年ディップを追いかけてこられた大木さんのディップ観とは少し違っていたかもしれませんが、著者の思いを尊重していただき、執筆を導いていただきました。

次に、ディップの冨田英揮社長をはじめ、役職員の皆さまに感謝します。お忙しいなか、何度も取材の機会をいただき、長時間のインタビューに対応いただきました。自らの成長と会社の成長を信じて歩まれている皆さまの言葉に、力をいただき、本書を執筆することができました。ディップが次にどんな挑戦へと向かうのか、未来が楽しみでなりません。

そして、取材や日々の調整業務を細やかに担い、私を支えてくれるソフィアバンクのメンバーに感謝します。

ソフィアバンク設立以来17年間、様々な形で、リーダーのあり方、組織のあり方、人間としてのあり方を教えていただいている田坂広志さんに感謝します。田坂さんからの学びが、本書の土台となっています。

また多くの週末を執筆に当てたにもかかわらず、静かに集中できる環境を整え、応援してくれた夫、ボンに感謝します。

最後に、常に挑戦すること、新しい未来をつくることの面白さと大切さを教えてくれた今は亡き父と、今もなお、新たな挑戦を続ける母に、感謝します。私の勇気の源は、お二人の挑戦する姿です。

2018年2月8日

藤沢久美

dip 略年表

1997年（H.9）

資本金2900万円でディップ株式会社を名古屋で設立

日本IBMとコンテンツパートナー契約を結び、首都圏1000店舗のコンビニエンスストアにてマルチメディア端末を利用した「無料カタログ送付サービス」を開始

1998年（H.10）

本社を東京都渋谷区神宮前に移転

マルチメディア端末にて「人材派遣お仕事情報サービス」を開始

1999年（H.11）

トヨタ自動車・ホンダ技研工業をはじめ、全116社の参加を得て約1億円の売り上げを計上

本社を渋谷区初台に移転

資本金を4000万円に増資

情報通信分野

・携帯電話のメールサービス開始

・楽天市場開設

・米「Google」検索エンジン登場

・求人情報サイト「Find job!」開始

・ローソンが日本IBM開発のマルチメディア端末「Loppi」導入開始

・日本のインターネット利用人口1000万人を超える

・最終消費財市場での電子商取引の市場規模は1665億円

・NTTドコモ「iモード」サービス開始、モバイルによるインターネットサービス開始

・JPドメイン名の登録数が10万件を超える

・ADSL（ブロードバンド）開始

2000年（H.12）

資本金を2億3000万円に増資

本社を千代田区有楽町に移転

求人広告業界初の人材エージェント選びのポータルサイト「はたらこねっと」開始

全国のローソン7600店舗のマルチメディア端末「Ｌｏｐｐｉ」およびモバイルにて「はたらこねっと」を配信開始

2001年（H.13）

大阪オフィス開設

ヤフー株式会社と業務提携し、「Ｙａｈｏｏ！求人情報」にアルバイト請負情報を提供開始

2002年（H.14）

資本金を2億9500万円に増資

「はたらこねっと」のアルバイト・請負情報を「バイトル」として提供開始

2003年（H.15）

本社を東京都港区六本木に移転

名古屋オフィス開設

・厚生労働省が「しごと情報ネット」サービス開始（2016年3月閉鎖）

・Ａｐｐｌｅ「ｉＰｏｄ」発売

・携帯電話のパケット定額制導入

・地上デジタルテレビ放送開始

2004年（H.16）

dip

全携帯キャリアにおいて「バイトル」「はたらこねっと」公式サイトオープン

東京証券取引所マザーズ市場へ上場。資本金を9億7770万円に増資

求人情報サービス株式会社（現株式会社イー・エンジン）を完全子会社化し「ジョブエンジン」のサービスをディップグループとして展開

2005年（H.17）

全国の転職エージェントを徹底活用する転職支援サイト「ジョブエンジンエージェント」開始

資本金を10億7149万円に増資

情報セキュリティ規格「BS7799」と「ISMS認証基準」の認証を取得

横浜オフィス／福岡オフィス開設

2006年（H.18）

株式会社ブックデザインの株式を取得しディップグループ化

京都オフィス開設

情報通信分野

・SNS「Facebook」誕生

・IP電話利用者数1000万件を超える

・インターネット世帯利用人口普及率70％に迫る

・ADSL契約数1452万件でピークに、以後減少

・モバイルSuica登場

2008年（H.20）	「バイトル」のオリジナルキャラクターとしてバイトルズが登場し、ディップ初のTVCFを放映 「バイトル」のイメージキャラクターに上戸彩を起用	・「ワンセグ」放送開始 ・Twitter設立（米） ・Apple「iPhone」日本での発売開始
2009年（H.21）	アルバイトから社員を目指すアルバイト情報専門サイト「社員バイトル」開設（現「バイトルNEXT」） 看護師専門の転職情報サイト「ナースではたらこ」を開始	・仮想通貨「ビットコイン」による運用開始 ・NTTドコモがAndroid搭載スマートフォン発売
2010年（H.22）	「バイトル」スマートフォン向けアプリ提供開始	・タブレット型コンピュータApple「iPad」発売
2011年（H.23）	北千住オフィス／大宮オフィス／千葉オフィス／立川オフィス／町田オフィス開設	
2012年（H.24）	難波オフィス／新宿オフィス開設	
2013年（H.25）	毎年8月10日が「バイトルの日」として、日本記念日協会より正式認定 神戸オフィス／神田オフィス開設	・インターネット個人利用の人口普及率が82.8%に

2014年
(H.26)

2015年
(H.27)

dip

「ジョブエンジン」「ジョブエンジンエージェント」サイトを閉鎖
東京証券取引所マザーズ市場より市場第一部へ上場
「バイトル」新CFにAKB48を起用
「はたらこねっと」新CFに上戸彩を起用
新宿第2オフィス/新橋オフィス開設
AKB48グループと広告契約し、「バイトル」新CFにAKB48/SKE48/NMB48/HKT48を起用
岡崎オフィス/小倉オフィス/池袋オフィス開設
川崎オフィス/金山オフィス/岐阜オフィス/船橋オフィス/京橋オフィス/高崎オフィス開設
米Forbes誌発表の「Asia's 200 Best Under A Billion」に選出
札幌オフィス開設

情報通信分野

・日本全国ほとんどの地域でブロードバンド利用可能に
・スマートフォン保有率は全世帯の64.2%に
・WindowsXPサポート終了
・Windows10無償アップグレード提供開始(期間限定)

2016年（H.28）

堺オフィス／名駅オフィス／宇都宮オフィス／つくばオフィス／渋谷オフィス開設

「ＪＰＸ日経インデックス４００」の構成銘柄に選出

米Ｆｏｒｂｅｓ誌発表の「Asia's 200 Best Under A Billion」に2年連続で選出

・ｉモード携帯出荷終了
・ポケモンＧＯ配信

2017年（H.29）

設立20周年／本社オフィスを六本木グランドタワーへ移転

柏オフィス／湘南オフィス開設

「バイトル」新ＣＦに乃木坂46を起用

株式会社ＴＢＭが開発・製造する、石灰石を主原料とした紙やプラスチックの代わりとなる新素材「ＬＩＭＥＸ（ライメックス）」製品の販売を開始

株式会社ＢＡＮＱの株式を取得し連結子会社化

株式会社ジョリーグッドおよび株式会社ＧＡＵＳＳの株式を取得し、持分法適用関連会社化

［著者］

藤沢久美（ふじさわ・くみ）

シンクタンク・ソフィアバンク代表。大学卒業後、国内外の投資運用会社勤務を経て、1996年に日本初の投資信託評価会社を起業。同社を世界的格付け会社のスタンダード＆プアーズに売却後、2000年にシンクタンク・ソフィアバンクの設立に参画。13年、代表に就任。そのほか、静岡銀行、豊田通商などの企業の社外取締役、各省庁審議会の委員などを務める。

07年、ダボス会議（世界経済フォーラム主催）「ヤング・グローバル・リーダー」、翌年「グローバル・アジェンダ・カウンシル」メンバーに選出され、世界の首脳・経営者とも交流。

テレビ番組「21世紀ビジネス塾」（ＮＨＫ教育）キャスターを経験後、ネットラジオ「藤沢久美の社長Talk」を開設し、15年以上にわたり1000人を超えるトップリーダーに取材。大手からベンチャーまで、成長企業のリーダーをはじめ、政財界のリーダーたちに学ぶ「リーダー観察」をライフワークとしている。

主な著書に『最高のリーダーは何もしない』（ダイヤモンド社）、『なぜ、川崎モデルは成功したのか？』（実業之日本社）、『なぜ、御用聞きビジネスが伸びているのか』（ダイヤモンド社）など多数。

Facebook
https://www.facebook.com/kumi.fujisawa.official/

若手社員を一流に変えるディップの「最速育成法」
あの会社の新人は、なぜ育つのか

2018年3月14日　第1刷発行

著者――――藤沢久美
発行所――――ダイヤモンド社
〒150-8409　東京都渋谷区神宮前6-12-17
http://www.diamond.co.jp/
電話／03-5778-7288（編集）　03-5778-7240（販売）
装丁――――黒岩二三
製作進行――――ダイヤモンド・グラフィック社
印刷――――信毎書籍印刷（本文）・慶昌堂印刷（カバー）
製本――――ブックアート
編集担当――――大木由美子

ISBN 978-4-478-10310-4